AF298334

25858

GRAMMAIRE FRANÇAISE.

PROPRIÉTÉ.

Lyon.— Imprimerie d'Aimé Vingtrinier, quai Saint-Antoine, 36.

GRAMMAIRE

FRANÇAISE

A L'USAGE DES ÉLÈVES DU SACRÉ-CŒUR DES CHARTREUX.

SECONDE PARTIE.

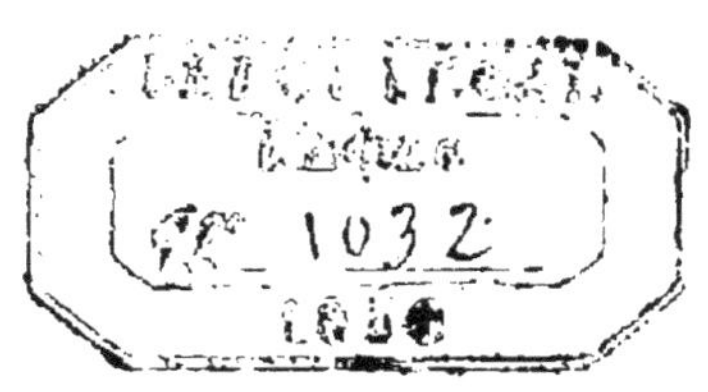

LYON

IMPRIMERIE D'AIMÉ VINGTRINIER,

QUAI SAINT-ANTOINE, 36.

1856.

GRAMMAIRE FRANÇAISE

SECONDE PARTIE.

SYNTAXE.

1. On appelle *syntaxe* la partie de la grammaire qui traite de la construction ou de l'arrangement des mots et des phrases.

2. On appelle *phrase* la réunion de plusieurs mots nécessaires pour former un sens complet : *L'humilité est une vertu chrétienne.* La phrase peut se subdiviser en propositions.

CHAPITRE I.

De la Proposition.

3. La *proposition* est l'expression d'un jugement. Un jugement est l'acte de l'esprit qui affirme ou nie, c'est-à-dire qui prononce sur la convenance ou la disconvenance des idées. Lorsque je dis : *Le lion est courageux,* je juge que la qualité de

Sont est le verbe, parce qu'il lie l'attribut au sujet. Il n'y a en réalité qu'un seul verbe, c'est le verbe *être*, soit distinct, comme dans cette proposition : *La flatterie est odieuse ;* soit combiné avec le participe présent : *Le soleil brille,* c'est-à-dire *le soleil est brillant.*

7. L'*attribut* est la manière d'être du sujet, la qualité qu'on juge lui appartenir, c'est l'idée accessoire : *Le sage est heureux. Heureux* c'est l'attribut, puisqu'il exprime la qualité qu'on juge appartenir *au sage.* Il peut être exprimé :

1° Par un adjectif : *Le vrai mérite est modeste.*

2° Par un participe soit présent soit passé : *Tout change,* pour *tout est changeant. Les savants sont estimés.*

3° Par un nom : *Un véritable ami est un trésor.*

4° Par un pronom : *Ces livres sont les miens.*

5° Par un infinitif : *Travailler, c'est s'enrichir.*

EXERCICE. — *Indiquez le verbe et l'attribut.*

Je vais voir cette fameuse Thèbes aux cent portes. Où la chèvre est attachée, il faut qu'elle broute. Les hommes préfèrent souffrir que de mourir. La cataracte du Niagara est une merveille unique dans son genre. Le champ de bataille était couvert de cadavres. La fortune est si capricieuse que d'un mendiant elle fait souvent un potentat. Pour les uns est la peine, pour les autres est le profit. Demandez à la personne que vous choisissez pour amie, si elle est vertueuse. L'homme sage est celui qui préfère l'utile à l'agréable. Aimer Dieu, c'est vivre pour lui. C'est moi qui vous rends justice. Etre égoïste, c'est ne s'occuper que de soi.

---

8. Dans une phrase il y a *autant de propositions* qu'il y a de verbes à un mode personnel (il n'y a que l'infinitif qui ne soit pas un mode personnel) : *Dieu exige que nous pardonnions les injures que nous avons reçues.* Il y a conséquemment trois propositions.

EXERCICE. — *Indiquez les propositions.*

L'impatience, qui paraît une force et une vigueur de l'âme, n'est qu'une faiblesse et une impuissance de souffrir la peine. Le parfum de mille roses ne plait qu'un instant, mais la douleur que cause une seule de leurs épines dure longtemps après la piqûre. Il est un Dieu ! les arbres de la vallée et les cèdres de la montagne le bénissent, l'insecte bourdonne ses louanges, l'éléphant le salue au lever du jour, l'oiseau le chante sous le feuillage, la foudre fait éclater sa puissance, et l'Océan déclare son immensité. Les belles manières s'apprennent par une attention scrupuleuse à les observer, et c'est au sein même de la famille qu'en doit commencer l'apprentissage. Lorsque la tempête vient, on entend sur le rivage un sourd bruissement, et les flots s'agitent comme d'eux-mêmes. La médisance et la calomnie nuisent même à ceux qui les écoutent. L'Egypte avait vécu en paix environ treize cents ans quand elle produisit son premier guerrier, qui fut Sésostris.

9. On appelle *complément du sujet ou de l'attri-but* tous les mots qui servent à compléter le sens du sujet ou de l'attribut; il forme ce qu'on appelle le sujet logique et l'attribut logique : *Le bien de la fortune est un bien périssable.* Le sujet grammatical est *le bien*, et le sujet logique, *le bien de la fortune ;* l'attribut grammatical est *un bien*, et l'attribut logique, *un bien périssable.*

10. Il y a trois sortes de *compléments :* le complément modificatif, le direct et l'indirect.

11. Le complément *modificatif* peut être exprimé :

1° Par un adjectif : *La prudence est une qualité rare.*

2° Par un participe soit présent, soit passé : *L'homme s'éloigne du bonheur en le cherchant loin de Dieu ; Le secret le mieux gardé est celui qu'on ne dit pas.*

3° Par un adverbe où un complément indirect faisant l'office d'un adverbe : *La libéralité consiste moins à donner beaucoup qu'à donner à propos. La jeunesse agit sans réflexion.*

12. Le complément *direct* n'est autre chose que le régime direct de la grammaire : *Alexandre vainquit les Perses.*

13. Le complément *indirect* n'est autre chose que le régime indirect de la grammaire : *Le présent s'embellit des vertus du passé.*

EXERCICE. — *Analysez les différentes sortes de compléments.*

Une élève réussit ordinairement quand elle

apporte de l'attention à son travail. On pourrait très-agréablement voyager dans les airs si l'on trouvait le moyen de diriger les ballons. On s'accoutume à tout et l'on se dégoûte de tout. La force fonde, étend et maintient un empire. Charlemagne aimait les lettres et la société de ceux qui les cultivaient. Les oiseaux servent à réjouir l'homme par leurs chants. La politesse embellit la jeunesse. Les terres d'Egypte demeureraient stériles si elles n'étaient point fécondées par les inondations périodiques du Nil. Un sol ingrat deviendra fertile s'il est bien cultivé. Si nous étions plus sobres, nous vivrions plus longtemps. Un ignorant riche est un vase de terre doré au dehors. Il est sur ce rivage une race flétrie. En chantant les louanges de Dieu, on procure sa gloire. Cet enfant faisant l'aumône attire sur lui les regards du ciel. On fait son bonheur, en s'occupant de celui d'autrui.

---

14. Le sujet et l'attribut peuvent être *simples* ou *composés, complexes* ou *incomplexes*.

15. Le sujet est *simple* lorsqu'il est exprimé par un seul nom, un seul pronom, un seul infinitif: *La douceur plait. Nous prions le Seigneur. Mourir est une nécessité.*

Le sujet est *composé* quand il est exprimé par plusieurs noms, plusieurs pronoms, plusieurs infinitifs : *La candeur, la douceur, la simplicité sont les vertus de l'enfance. Vous et nous travaillerons. Croire l'Evangile et vivre en payen est une extravagance inconcevable.*

16. L'attribut est *simple* lorsqu'il est exprimé par un seul mot : *L'adversité est l'épreuve de la vertu.*

L'attribut est *composé* lorsqu'il est exprimé par plusieurs mots : *Les enfants sont légers et frivoles.*

17. Le sujet est l'attribut sont *complexes* lorsqu'ils sont accompagnés de quelques compléments qui les déterminent ou en complètent le sens : *La crainte de Dieu est le commencement de la sagesse.* Le sujet *crainte* est *complexe* à cause du complément *Dieu*, et l'attribut *commencement* est *complexe* à cause du complément *sagesse*.

18. Le sujet et l'attribut sont *incomplexes* lorsqu'ils ne sont accompagnés d'aucun complément : *Le ciel est pur. L'homme réfléchit.*

EXERCICE. — *Faites connaître si les sujets et les attributs sont simples ou composés, complexes ou incomplexes.*

Les oiseaux becquettent les meilleurs fruits. On prend plus de mouches avec du miel qu'avec du vinaigre. Le temps rectifie les erreurs. Le lion, le tigre, le léopard, le loup, sont sauvages, féroces, carnassiers. L'ordre, le soin et le travail de cette petite république sont admirables. Le jour diminue. Le soleil décline. La plupart des hommes sont trompés ou trompeurs. La manière de donner vaut mieux que ce que l'on donne. La soif contraignit le renard et le bouc à descendre dans un puits. Le doigt de Dieu marque des limites à l'Océan. La douceur calme la colère. La charité et l'humilité sont les principales vertus du chrétien. La grandeur et la richesse ne rendent pas toujours heureux. Le manque de jugement fait l'obstination.

---

19. Il y a *deux sortes* de propositions : les propositions principales et les propositions incidentes;

20. La proposition *principale* est celle qui exprime la principale idée, celle à laquelle se rattachent les propositions incidentes. Il y a deux sortes de propositions principales : la proposition principale *absolue*, c'est ordinairement la première énoncée ; les autres se nomment principales *relatives : L'ignorance dégrade l'homme* (proposition principale absolue), *le savoir l'ennoblit* (proposition principale relative.

EXERCICE. — *Analysez les propositions principales absolues et les principales relatives.*

On commence à jouer par amusement, on continue par avarice et l'on finit par passion. Pensez à votre mère, c'est la meilleure distraction. Je suis convaincu que le bonheur dépend du travail. La netteté épargne les longueurs et sert de preuve aux idées. Dans le chemin de la vertu, plus on marche, moins on est fatigué. Rien n'est beau que le vrai; le vrai seul est aimable. La vérité est éternelle, on la méconnaît, on l'outrage, mais on ne l'anéantit pas.

---

21. La proposition *incidente* est celle qui est liée à l'un des termes d'une autre proposition pour en compléter le sens. Il y a deux sortes de propo-

sitions incidentes : l'incidente déterminative et l'incidente explicative.

22. L'incidente *déterminative* est celle qu'on ne peut retrancher sans dénaturer le sens de la proposition à laquelle elle se rapporte : *Un roi qui ne s'occupe que de ses plaisirs, est indigne du trône*. La proposition *qui ne s'occupe que de ses plaisirs* est une incidente déterminative, parce qu'elle ne peut être supprimée.

23. L'incidente *explicative* est celle qui peut être retranchée sans détruire ni même dénaturer le sens de la proposition principale : *Le lion, qui est un animal féroce, est sensible à de bons procédés*. La proposition *qui est un animal féroce* est une incidente explicative, parce qu'elle pourrait être supprimée sans altérer la proposition principale : *Le lion est sensible à de bons procédés*.

24. On reconnaît les propositions incidentes en ce qu'elles se rattachent toujours aux parties de la proposition principale par des pronoms relatifs ou par des conjonctions : *La raison, qui est la voix de Dieu, nous dit qu'il faut tout sacrifier à la vertu. Le sage oublie les injures comme l'ingrat méconnaît les bienfaits.*

EXERCICE. — *Analysez les incidentes démonstratives et les incidentes explicatives.*

La vertu n'est solide que quand elle s'appuie sur la religion. La jeunesse, qui est le printemps de la vie, dure peu. L'intérêt, qui dirige les hommes d'un pôle à l'autre, est un langage qu'ils apprennent sans grammaire. Les hommes faibles ne cèdent jamais quand ils le doivent. L'amitié, qui est un don du ciel, ne vieillit pas. L'homme qui tient tout de Dieu, qui ne respire que par lui, l'oublie souvent et le méconnaît quelquefois. Quelle ingratitude! Une mère qui voit mourir ses enfants meurt deux fois. La mort, qui effraye tant l'impie, n'a rien, pour le juste, que de doux et de consolant.

---

25. La proposition est *inverse* toutes les fois que les mots ne sont pas arrangés selon l'ordre grammatical, qui veut qu'on énonce d'abord le sujet, ensuite le verbe, puis le complément direct, etc. : *Le bonheur des méchants comme un torrent s'écoule. Ardente dans ses projets, la jeunesse s'égare souvent. Au roi appartient le droit de faire grâce.*

26. La proposition est *pleine* lorsqu'il n'y manque aucun des mots nécessaires à l'expression de la pensée : *La terre est un lieu d'exil.*

27. La proposition est *elliptique* lorsque quelques-unes de ses parties essentielles sont sous-entendues : *La jeunesse vit d'espérances et la vieillesse de souvenirs* (ellipse du verbe et de l'attribut *est vivant*.

28. La proposition est *explétive* quand il y a pléonasme ou répétition de quelques termes ; *Je vous dis, moi, que vous avez tort et vous prétendez, vous, qu'il en est autrement.*

29. La proposition est *implicite* quand elle comprend en un seul mot le sujet, le verbe et l'attribut ; tels sont les interjections et les mots oui, non,

voici, voilà : *Ah ! j'aperçois ma mère. Ah !* (je suis surprise).

EXERCICE. — *Analysez logiquement les phrases suivantes :*

La vie n'est qu'un voyage, et l'âge de l'homme, un jour rapide. Est bien fou qui prétend contenter tout le monde. Les beautés de la nature nous attestent l'existence d'un Dieu, et les misères de l'homme, les vérités de la religion. Le bon goût vient plus du jugement que de l'esprit. L'homme doit discerner, s'il veut se rendre heureux, du plaisir innocent le plaisir dangereux. La prière est la vie de l'âme. On ne s'ennuie jamais quand on travaille. Contre tant d'ennemis que vous reste-t-il ? Moi ! Il prit son repas, lui tout seul. Venez ici. Nous vous disons, nous, que vous devez préférer vos devoirs à vos plaisirs. On doit faire marcher de compagnie la sévérité et la bonté. Napoléon, le grand Napoléon, est mort à Sainte-Hélène.

---

30. On entend par *galliscismes* certaines constructions propres et particulières à la langue française, regardées comme contraires aux règles ordinaires de la grammaire, mais autorisées par l'usage, telles que : il faut, il sied, il y a, c'est à vous que, c'est de lui que, il pleut, il neige, il tonne, cela ne laisse pas de, il ne faut que de, il importe de, ce sont eux, etc.

31. Pour bien faire l'analyse logique d'une

phrase, il faut indiquer le nombre et la nature des propositions qu'elle renferme, énoncer le sujet et l'attribut, dire s'ils sont simples ou composés, complexes ou incomplexes; désigner le verbe; enfin, faire connaître les divers compléments, dire s'ils sont modificatifs, directs ou indirects.

MODÈLE D'ANALYSE LOGIQUE.

L'hypocrisie est un hommage que le vice rend à la vertu.

Cette phrase renferme deux propositions.

L'hypocrisie est un hommage.

Proposition principale absolue, parce qu'elle exprime la principale idée. *Hypocrisie*, sujet simple, parce qu'il exprime un seul objet; incomplexe, parce qu'il n'est suivi d'aucun complément. *Est*, verbe être distinct. *Hommage*, attribut simple, parce qu'il n'exprime qu'une manière d'être; complexe, parce qu'il est suivi de la proposition *que le vice rend à la vertu.*

Que le vice rend à la vertu.

Proposition incidente déterminative, parce qu'elle est nécessaire au sens de la phrase. *Le vice*, sujet simple et incomplexe. *Est*, verbe être combiné avec l'attribut. *Rendant*, attribut simple et complexe, parce qu'il est suivi du complément indirect *à la vertu.*

J'aime Marie, je l'aimerai toujours.

Cette phrase renferme deux propositions.

J'aime Marie.

Proposition principale absolue. *J'*, sujet simple et incomplexe. *Est*, verbe être combiné avec l'attribut. *Aimant*, attribut simple et complexe, parce qu'il est suivi du complément direct *Marie*.

Je l'aimerai toujours.

Proposition principale relative ; principale parce qu'elle a par elle-même un sens complet ; relative parce qu'elle n'est pas la première énoncée. *Je*, sujet simple et incomplexe. *Serai*, verbe être combiné avec l'attribut. *Aimant*, attribut simple et complexe, à cause de son complément direct *l'* et son complément modificatif *toujours*.

La fourmi, qu'a si bien chanté La Fontaine, est le symbole de l'activité.

Cette phrase renferme deux propositions.

La fourmi est le symbole de l'activité.

Proposition principale absolue. *Fourmi*, sujet simple et incomplexe. *Est*, verbe être distinct. *Symbole*, attribut simple et complexe, parce qu'il est suivi du complément indirect *de l'activité*.

Qu'a si bien chanté La Fontaine.

Proposition incidente explicative, parce qu'elle

pourrait être retranchée. *La Fontaine*, sujet simple et incomplexe. *Est*, verbe être combiné avec l'attribut. *Ayant*, attribut simple et complexe, à cause des compléments modificatifs *bien* et *chanté*.

QUESTIONNAIRE. — 1. *Qu'appelle-t-on syntaxe ?* — 2. *Qu'appelle-t-on phrase ? —* 3. *Qu'est-ce que la proposition ? —* 4. *Combien la proposition a-t-elle de parties essentielles ? —* 5. *Qu'est-ce que le sujet et par quoi peut-il être exprimé ? —* 6. *A quoi sert le verbe et combien y en a-t-il ? —* 7. *Qu'est-ce que l'attribut et par quoi peut-il être exprimé ? —* 8. *Combien peut-il y avoir de propositions dans une phrase ? —* 9. *Qu'appelle-t-on complément du sujet ou de l'attribut ? —* 10. *Combien y a-t-il de sortes de compléments ? —* 11. *Par quels mots le complément modificatif peut-il être exprimé ?* — 12. *Qu'entend-on par complément direct ? —* 13. *Qu'entend-on par complément indirect ? —* 14. *Comment le sujet et l'attribut peuvent-ils être considérés ? —* 15. *Quand est-ce que le sujet est simple ? Quand est-il composé ? —* 16. *Quand est-ce que l'attribut est simple ? Quand est-il composé ? —* 17. *Quand est-ce que le sujet et l'attribut sont complexes ? —* 18. *Quand est-ce que le sujet et l'attribut sont incomplexes ? —* 19. *Combien y a-t-il de sortes de propositions ? —* 20. *Qu'est-ce que la proposition principale ?* — 21. *Qu'est-ce que la proposition incidente ? —* 22. *Qu'est-ce que l'incidente déterminative ? —* 23. *Qu'est-ce que l'incidente explicative ?* — 24. *A quoi reconnaît-on les propositions incidentes ?* — 25. *Quand est-ce que la proposition est inverse ? —* 26. *Quand est-ce que la proposition est pleine ?* — 27. *Quand est-ce que la proposition est elliptique ?* — 28. *Quand est-ce que la proposition est explétive ou redondante ? —* 29. *Quand est-ce que la proposition est* *implicite?* — 30. *Qu'entend-on par galliscismes?* — 31. *Que faut-il observer pour bien faire l'analyse logique d'une phrase?*

CHAPITRE II.

Du Nom.

32. *Aide* est féminin lorsqu'il signifie secours, assistance : *Vous trouverez en lui une aide prompte et assurée.*

Il est du masculin lorsqu'il représente celui qui travaille sous les ordres d'un maître ou avec lui : *Un aide de camp, un aide maçon, un aide d'office.*

Lorsqu'il s'agit d'une femme il devient alors féminin : *Elle a besoin d'une aide.*

33. *Aigle* est du féminin :

1° En terme d'armoiries, de devise, d'enseigne militaire : *Les armes de l'empire français étaient une aigle tenant un foudre dans ses serres.*

2° Comme nom d'une constellation et d'une espèce de poisson : *L'aigle est placée à l'ouest de la constellation du Dauphin. L'aigle marine est une espèce de raie* et quand on parle de la femelle de l'oiseau qui porte ce nom : *L'aigle est furieuse quand on lui ravit ses petits.*

Dans tout autre cas, il est du masculin : *Un aigle noir, l'aigle royal. Cet homme est un aigle. Du papier grand aigle.*

34. *Amour*, *délice* et *orgue* sont du masculin au singulier et du féminin au pluriel : *Mon pays sera toujours l'objet de mes plus chères amours. L'amour divin est la source de toutes les vertus. Les délices de la religion sont puissantes sur les cœurs. C'est un délice de se rafraîchir en été. Un orgue de barbarie. Il y a de belles orgues à la cathédrale.*

Amour divinité de la fable est toujours masculin.

EXERCICE. — *Choisissez le genre convenable.*

Quoique les premier... orgues ai... une origine fort ancienne, tous les historiens conviennent cependant que celui... qu'on entendit en France pour la première fois ne remonte... pas au-delà de l'an 757 ; il... avai... été donné... à Pépin par l'empereur Constantin Copronyme. Quel... délices peut-on comparer à celui... que cause une bonne action. Près de l'aigle romain... mille enseignes bizarres rassemblent sous ses lois mille peuples barbares. Dans les Champs-Elysées, les rois foulent à leurs pieds tout... les délices de leur condition mortelle. Dieu a créé l'homme avec deux amours l'un... pour Dieu, l'autre pour lui-même. Les plaisirs de ce monde sont entourés de délices trompeur... Plusieurs aigles furent pris... aux Romains par les Germains après la défaite de Varus, sous le règne d'Auguste. Dieu seul est toute ma force et tout... mon aide. L'orgue de Saint-Sulpice est excellent... Le rossignol élève ses concerts dans les bocages témoins de ses premier... amours. On appelle un... aide de cuisine un second cuisinier, ou le compagnon qui le sert et le soulage. Le grand... aigle est particulièrement destiné... à l'impression des cartes géographiques. L'orgue divin... exhale un son religieux. L'aigle privé... de ses aiglons déchire l'air de ses cris. L'aigle impérial... conduisait nos soldats à la victoire. J'ai trouvé en ma sœur un... aide fort adroit... Quel... délice de vivre à la campagne, après tant d'années passées au milieu du tracas des villes ! La patrie et l'honneur, voilà quel... doit... être nos plus cher... amours. L'aigle français... a parcouru le monde sur les pas d'un homme qui, lui-même, a été un... aigle parmi les conquérants. Ces deux églises possèdent des orgues estimé..., bien qu'inférieur... à celui... qu'on a posé... récemment dans notre cathédrale. Pompée a besoin d'aide, il vient chercher le... vôtre. Votre fille est une enfant aimable, c'est un ange de douceur et l'on comprend qu'elle soit votre seul orgueil et votre seul... amour.

---

35. L'expression *quelque chose* employée comme un seul mot est toujours masculin : *On m'a dit quelque chose de fort plaisant.*

Quelque chose est féminin lorsqu'il signifie quelle que soit la chose : *Quelque chose que j'aie entendue je n'en dirai rien.*

36. *Couple* est féminin lorsqu'il se dit de deux choses de même espèce : *Une couple d'œufs, une couple de serviettes.*

Il est masculin lorsqu'il marque l'union : *Un couple d'amis, un couple de fripons, un couple de pigeons est suffisant pour peupler une volière*, *heureux couple !*

37. *Automne*, selon l'Académie est masculin et féminin : *Un bel automne*, *une automne froide et pluvieuse*. Néanmoins le masculin est préférable.

38. *Exemple* est masculin dans toutes ses acceptions : *Les bons exemples servent d'encouragements à la vertu*, *ce maître d'écriture fait de beaux exemples.*

EXERCICE. — *Choisissez le genre convenable.*

Il y a dans Scipion l'Africain quelque chose qui est encore plus estimé... que ses victoires, c'est sa vertu. Couronné... d'épis, tenant en main la faucille, l'automne joyeu... descend sur nos campagnes jaunissantes. Quelque chose que nous disions dans un moment d'emportement, il est bien rare qu'il... ne nous cause pas de regret. Le spectacle de la mer inspire quelque chose de majestueu... et d'infini... En général, dans la zône tempérée, les automnes sont pluvieu... les hivers froids, le printemps frais et les étés chauds. Vertumne présidait à la récolte des fruits, c'est pourquoi les poètes le prennent quelquefois pour l'automne lui... -même. Un... couple de moutons, qu'ils faisaient rôtir eux-mêmes, composait les festins des héros d'Homère. Quel... couple que Philémon et Baucis! Les bel... exemples de Rossignol sont les chefs-d'œuvre de la calligraphie. Les bon... exemples conduisent plus facilement à la vertu que les préceptes. Un homme peu délicat s'associant à un fripon, on dira d'eux que c'est un... couple à éviter. Les mêmes goûts, les mêmes sentiments ont tellement uni ces deux élèves, qu'on peut dire que c'est un... couple inséparable. N'entreprenez rien témérairement, mais quand vous avez résolu quelque chose, exécutez-le... avec vigueur. Que de pauvres gens on pourrait soulager avec un... couple d'écus ! Si je savais quelque chose qui me fût utile et qui fût préjudiciable à ma famille, je le... rejetterais de mon esprit.

———

39. *Foudre* est féminin lorsqu'il signifie le feu du ciel : *La foudre sillonne les nues.* Cependant en poésie et dans le style soutenu on le fait quelquefois du masculin : *Expirer sous les foudres vengeurs.*

Employé au figuré et dans toutes les autres acceptions, foudre est toujours masculin : *C'est un foudre de guerre* (pour désigner un grand général d'armée). *Un foudre plein de vin.*

40. *Hymne* est féminin s'il désigne un chant d'église : *Les belles hymnes de Santeuil.* Et masculin dans tout autre cas : *Les hymnes harmonieux d'Horace. La vie de Turenne est un hymne à la louange de l'humanité.*

41. *OEuvre* est du masculin :

1° Lorsqu'il désigne un cahier de composition d'un musicien, ou le recueil de toutes les estampes d'un graveur : *Je possède le premier et le second œuvre de ce musicien. Avoir tout l'œuvre d'Albert Durer.*

2° Pour désigner la pierre philosophale et dans le sens de grande entreprise, de travail important :

Combien se sont ruinés en cherchant le grand œuvre (pierre philosophale). *Le grand œuvre de la création.*

Dans tout autre sens il est féminin : *Les œuvres merveilleuses de Dieu , de la nature.*

42. *Orge* est du féminin : *De l'orge verte , de belles orges ,* excepté dans ces deux expressions : *Orge perlé, orge mondé.*

43. *Période* en terme d'astronomie , de grammaire , de généalogie , de médecine et de musique est féminin : *La période de Vénus, une période bien arrondie, la maladie est dans sa période décroissante.* Il est masculin lorsqu'il se dit d'un espace de temps indéterminé : *Un long période de temps.* Il est encore masculin lorsqu'il désigne le plus haut point où une personne ou une chose puisse arriver : *Démosthènes et Cicéron ont porté l'éloquence à son plus haut période. Il est parvenu au plus haut période de la grandeur.*

EXERCICE. — *Choisissez le genre convenable.*

On travaille sans succès au grand... œuvre de la félicité publique, si l'on ne prend pour base l'amour de la patrie. Tout... Les œuvres de la divinité sont plein... de sa providence. On n'est pas encore au comble du malheur, tant qu'il reste quelque lueur d'espérance; c'est par la perte totale de celle-ci que l'autre arrive à son dernier... période. Si les arbres portent au dedans des anneaux en rapport avec les périodes annuel... du soleil, les palmiers en montrent de semblables au dehors. Les Hollan-

dais sont la seule nation qui prépare l'orge perlé...
qu'ils transportent ensuite chez tous les peuples. La
funeste ivraie et quantité d'herbes inutiles étouffent
souvent dans nos sillons le... bel... orge que nous
y avions semé... Mirabeau était un... foudre d'éloquence. En marchant au combat, ils chantaient l...
hymne... guerrier... qui les avaient si souvent con-
duits à la victoire. L'orge mondé... sert aux bouil-
lies, que l'on apprête de différentes manières. Les
prières ferventes apaisent Dieu et lui arrachent le...
foudre des mains. Les nouvel... hymnes de l'Eglise
ont plus de dignité que les ancien... Le... foudre
sillonne les airs et frappe les arbres les plus élevés.
Turenne ce... brillant... foudre de guerre, ne con-
naissait plus d'ennemis dès qu'ils étaient vaincus.
Les plus bel... hymnes composé... en l'honneur
des héros et des divinités fabuleuses sont celui...
de Callimaque, de Pindare et d'Horace. Seigneur
quel... hymnes sont dignes de vous? Les beau...
hymnes de saint Thomas d'Aquin. L'œuvre de la
création fut achevé... en six jours. Le... foudre cé-
lèbre de Heidelberg a une capacité de 2,400 hecto-
litres. Il est au... plus haut... période de sa gloire.
Quel... foudre de guerre fut Alexandre! On se demande si le... foudre lui... même égalait la rapidité
de sa marche, et le tonnerre le bruit de son nom.
Il est certain... hymnes national... que le retour des
révolutions rappelle au souvenir des peuples. Les
ancien... hymnes de l'Église ont le mérite de la simplicité.

44. L'adjectif qui précède le mot *gens* se met au féminin et l'adjectif qui le suit se met au masculin : *Ce sont d'excellentes gens* ou *des gens excellents*. *Les vieilles gens sont soupçonneux.* Il n'y a d'exception que pour les adjectifs *tout* et *quel* qui se mettent au masculin lorsqu'ils ne précèdent pas immédiatement le mot *gens*. *Tous ces gens là*. *Quels sont les gens que vous fréquentez?* Cependant s'il se trouvait un adjectif entre *tout* et *gens*, et que cet adjectif eût une terminaison féminine différente de sa terminaison masculine, *tout* et cet adjectif se mettraient l'un et l'autre au féminin : *Toutes ces bonnes gens ; toutes ces vilaines gens ; toutes ces vieilles gens*. Mais on dirait en mettant *tout* au masculin : *Tous les habiles gens*, parce qu'au masculin et au féminin l'adjectif *habile* a une même terminaison.

Il faut encore remarquer que le mot *gens* suivi de la préposition *de* et d'un nom de profession ou d'état est toujours masculin : *Certains gens d'affaires* et non *certaines gens d'affaires*. *Tous les gens de robe*. *Tous les gens de lettres*.

EXERCICE. — *Choisissez le genre convenable.*

Les passions de la jeunesse ne sont pas plus opposées au salut que la tiédeur de quelques vieu... gens. Certain... gens étudient toutes leur vie ; à leur mort ils ont tout appris, excepté à penser. Tou... les honnêtes gens s'intéressent à une jeune personne instruite et modeste. Tou... les gens gai... ont le don merveilleux de mettre en train tou... les gens sérieu... Les fau... honnêtes gens sont ceu... qui déguisent leurs défauts aux autres et à eux...

mêmes ; les vrai... honnêtes gens sont ceux... qui les connaissent parfaitement et les confessent. L'homme sensible, en voyage, est tenté de s'arrêter chez les premier... bon... gens qu'il trouve. Presque tou... les braves gens sont dupes des fripons. Les gens heureu... ne se corrigent guère. Parler et offenser pour certain... gens est précisément la même chose. Tou... les bon... gens de ce hameau nous regardaient d'un air étonné. Tou... les vieu... gens ne sont pas chagrin...; mais, sauf de rares exceptions tou... les jeunes gens sont gai... Tou... les gens querelleur..., jusqu'aux simples mâtins, au dire de chacun, étaient de petits saints. Peu de gens savent être vieu... Il faut savoir s'accommoder de tou... gens. Les paysans de la Bourgogne sont des gens excellen... Oseriez-vous me condamner sur la foi de tel... gens ? Croire les mauvais... gens, c'est vouloir être trompé soi-même.

---

45. Les mots *invariables de leur nature*, tels que les *adverbes*, les *conjonctions*, etc., employés comme noms, ne prennent pas la marque du pluriel : Les *si*, les *pourquoi*, les *oui*, les *non*, etc. *Vos aller et vos venir m'ennuient. En beaucoup de choses, il est difficile de voir les derniers pourquoi. Avec les si on ferait bien des choses.*

EXERCICE. — *Distinguez les noms invariables.*

Il faut soigneusement distinguer entre les faits et les oui-dire. De toute l'écriture, elle ne voulut d'abord faire que des o. Souvent nous nous laissons piquer par ces je ne sais quoi qu'on ne peut expliquer. Il pleut des monosyllabes; on m'a envoyé les que, on m'a promis les oui, les non, les pour, les qui, les quoi, les si. Plusieurs peu font un beaucoup. Trois un de suite font cent onze en chiffres arabes. Les qui, les que ne doivent pas être multipliés dans les phrases. Quarante-quatre s'écrit par deux quatre; cinquante-cinq, par deux cinq; soixante-dix-sept, par deux sept. J'ai tous les neuf dans mon jeu. Parleriez-vous des antipodes à un égoïste, il vous ramènerait toujours à ses moi et à ses je. Il n'y a que des fous qui se moquent des qu'en dira-t-on. Comment répondre aux pourquoi continuels des enfants?

---

46. *Aïeul*, dans le sens d'*ancêtres* fait au pluriel *aïeux* : *Se glorifier de la noblesse de ses aïeux*. Il fait au pluriel *aïeuls* quand il désigne le grand-père paternel et le grand-père maternel : *Ses deux aïeuls assistaient à sa première communion*.

47. *Ail*, légume, fait au pluriel *aulx*, et plus souvent *ails*.

48. *Ciel* dans le sens propre fait *cieux* au pluriel. Il en est de même dans le sens de température, de climat. Mais lorsqu'il est employé pour désigner une peinture ou une représentation imitant le ciel, le haut d'un lit et le plafond d'une carrière de pierres, il fait *ciels* : *Des ciels de lit. Ce peintre fait bien les ciels.*

49. *OEil* fait *yeux* au pluriel : *Le bandeau de l'erreur aveugle tous les yeux*. On dit aussi : *Un* *pain qui a des yeux ; un fromage qui n'a point d'yeux ; un bouillon qui a beaucoup d'yeux.* Mais on dit : *Des œils de chat, des œils de serpent* (pierres précieuses) ; *des œils de chèvres* (plante) ; *des œils de bœuf* (fenêtres rondes, lucarnes).

En terme d'art et d'imprimerie, il fait encore *œils* au pluriel.

50. *Travail*, pris dans le sens propre, fait au pluriel *travaux : Je voudrais partager avec vous la gloire de vos travaux.* Mais il fait *travails* lorsqu'il désigne ces machines de bois qui servent à ferrer ou à panser les chevaux.

EXERCICE. — *Orthographiez les phrases suivantes :*

L'histoire nous apprend que nos aïeul... ne sortaient guère. Les grands-pères et les grand'mères sont encore ce qu'on appelle les aïeul... Les ognons et les ail... entrent pour beaucoup dans la nourriture des paysans. Que la terre est petite à qui la voit des ciel... L'Italie est sous un des plus beaux ciel... de l'Europe. Les ciel... dans les tapisseries les font estimer. Cet artiste excelle particulièrement à peindre les ciel... La géographie et la chronologie sont les œil... de l'histoire. Il y a un proverbe espagnol qui dit qu'il faut choisir du fromage sans œil... du pain qui ait des œil... et du vin qui saute aux œil... Les pierres appelées œil... de poisson quoique assez rares ne sont pas d'un grand prix. Ses deux aïeul... ont rempli les premières charges. Qui sert bien son pays n'a pas besoin d'aïeul... Il ne faut pas regarder le prochain avec des œil... malins. La vie de l'homme se passe dans les travail... Les petites lucarnes faites en rond ou en ovale dans la couverture des maisons s'appellent des œil... de bœuf. Les ail... ont une odeur redoutée des petites maîtresses. Chez les maréchaux-ferrants, il y a dans leurs ateliers plusieurs travail...

---

51. Les *noms propres* ne prennent pas ordinairement la marque du pluriel : *Les deux Corneille, les deux Racine, les deux Sénèque ;* cependant ils exigent le pluriel :

1° Quand ils sont employés comme noms communs pour indiquer des comparaisons entre telle personne et telle autre : *Tous les philosophes ne sont pas des Catons*, c'est-à-dire *ne sont pas des hommes semblables à Caton. Tous les avocats ne sont pas des Cicérons.*

2° Dans les noms de dynastie, ceux de certaines familles où il y a succession d'illustration : *Les Césars, les Condés, les Bourbons*, etc.

EXERCICE. — *Ecrivez les noms propres au singulier ou au pluriel.*

Les Scipion et les Émile se sont fait remarquer par leurs vertus encore plus que par leurs exploits. Certains littérateurs ont cherché à déprécier les Corneille et les Racine, ne pouvant être eux-mêmes ni des Racine ni des Corneille. Donnez-moi des David et des Pharaon, amis du peuple de Dieu, et ils pourront avoir des Nathan et des Joseph. Les

Charlemagne et les saint Louis relevèrent l'éclat de leur règne en relevant celui du culte. La gloire de Trajan, la vertu des deux Antonin se fit respecter des soldats. La Seine a ses Bourbon, le Tibre a ses César. Le même roi qui sut employer les Condé, les Turenne et les Catinat dans ses armées, les Colbert et les Louvois dans son cabinet, choisit les Racine et les Boileau pour écrire son histoire ; les Bossuet et les Fénelon pour instruire ses enfants ; les Fléchier, les Bourdaloue et les Massillon pour l'instruire lui-même. La guerre des Henri déchira les provinces. L'intérêt fait naître des Caïn au sein des familles. Les trois Marie apportèrent des onguents précieux pour embaumer le corps de Notre Seigneur. Les pyramides d'Égypte s'en vont en poudre ; et les graminées du temps des Pharaon subsistent encore. Combien d'hommes seraient devenus des Alexandre si la fortune les avait favorisés ! On a vu peu d'Auguste, de Scipion, de Richelieu, de Condé, vivre familièrement avec les hommes de génie, à l'exemple des Auguste, des Scipion, des Richelieu, des Condé dont l'histoire nous a dépeint les habitudes. Les Paul et les Antoine ont fleuri dans l'Égypte. On estime généralement les ouvrages des Buffon et des Cuvier. Qui n'a entendu parler des Thalès, des Solon et des Pittacus si connus sous le nom de sages de la Grèce ? Les Chilon, les Bias et les Périandre étaient aussi désignés sous le même nom. La médecine a encore ses Hyppocrate et ses Galien. Nous voyons encore de nos jours des Tertullien, des Origène que l'orgueil et l'esprit de singularité retiennent dans l'erreur. Il faut des siècles

entiers pour produire des Raphaël et des Michel-
Ange.

---

52. Les *noms tirés des langues étrangères* et qui
sont d'un fréquent usage prennent le pluriel, surtout s'ils ont perdu la prononciation étrangère :
*Bifteks, bravos, dominos, duos, folios, macaronis,
numéros, opéras, panoramas, pensums, placets,
quolibets, récépissés, tilburys, trios, vertigos, zéros,
accessits, agendas, albums, alinéas, apartés, erra-
tas, impromptus, palladiums, pianos, quatuors,
quiproquos, sopranos, ténors,* etc.

53. L'usage est incertain sur le nombre des mots
suivants : *Des alleluia, des ave, des amen, des be-
nedicite, des confiteor, des credo, des magnificat,
des miserere, des pater, des requiem, des stabat,
des allegro, des crescendo, des veto, des auto-da-fé,
des ecce-homo, des et cætera, des ex-voto, des fac-
simile, des in-octavo, des in-folio, des in-pace, des
in-quarto, des kyrie-eleison, des post-scriptum, des
Te-Deum.*

EXERCICE. — *Écrivez les noms au singulier ou
au pluriel.*

Il faut toujours commencer les alinéa par une
majuscule. Les numéro que ces jeunes gens ont
tirés les ont exemptés du sort. On a chanté souvent
des Te-Deum en action de grâces des victoires rem-
portées par nos troupes. Toute votre fortune ne suf-
firait pas pour combler les déficit que votre mala-
dresse m'a causés. Cet élève a remporté deux prix

et trois accessit. Vous ferez ce matin les pensum que vous avez mérités. N'oubliez pas de lire les post-scriptum qui sont au bas de la lettre que je vous ai envoyée. Le rosaire comprend seize pater et cent cinquante-trois ave. Il y a des amateurs d'un goût singulier qui préfèrent aux chefs-d'œuvre d'un auteur des fac-simile de son écriture. Il y a des gens qui se donnent au moins la peine de préparer leurs impromptu, d'autres ont plus tôt fait, ils vous prennent les vôtres. La dévotion et la reconnaissance ont suspendu aux murs de certaines chapelles une multitude d'ex-voto. La piété satisfaite est pour les hosanna et les alleluia ; la piété expectante pour les pater et les Ave-Maria. Les Lazzaroni forment une grande partie de la population de Naples. Les concerto de Mozart eurent en France une grande réputation. Il y a souvent plus d'esprit dans un petit volume que dans de grands in-folio. Les carbonari forment en Italie une société politique et secrète. Le philosophisme moderne eut aussi ses auto-da-fé. Les lichen ont en général pour racines des griffes imperceptibles qui s'accrochent aux rochers les plus durs et les plus polis. Les agenda sont des vade-mecum. Aux environs de Rome sont de délicieuses villa.

---

54. On appelle *collectifs* des noms singuliers qui expriment une collection, c'est-à-dire un certain nombre d'objets ; tels sont : *Troupe, foule, armée, flotte.* On les divise en *collectifs généraux* et en *collectifs partitifs*.

55. On appelle *collectifs généraux* ceux qui expriment un certain tout, c'est-à-dire, qui représentent une collection entière, complète, comme : *La foule des humains, l'armée des Français.*

56. On appelle *collectifs partitifs* ceux qui n'expriment qu'une partie, qu'une quantité indéterminée, comme : *Une foule d'hommes, une troupe de soldats,*

57. Le même mot peut être *collectif général* et *collectif partitif* suivant le sens qu'on y attache. Les *collectifs généraux* sont toujours précédés de *le, la, ce, cette, mon, ton, notre,* etc. Tandis que les *collectifs partitifs* sont ordinairement précédés de *un, une. La plupart, plusieurs,* et les adverbes *peu, beaucoup, assez, trop, moins,* etc., sont des *collectifs partitifs : La plupart de ses amis l'abandonnèrent. Plusieurs s'imaginent que le bonheur est dans les richesses. Peu de soldats ont suffi pour rétablir l'ordre.* (On trouvera un exercice sur les noms collectifs à la syntaxe du verbe).

58. On appelle *substantifs composés* des substantifs formés de deux ou plusieurs mots unis par un trait d'union, comme : *Chou-fleur, chef-d'œuvre, arc-en-ciel.*

Lorsqu'un nom composé est formé de *deux substantifs,* ils prennent tous deux la marque du pluriel : *Un chef-lieu, des chefs-lieux ; une reine-marguerite, des reines-marguerites ; un oiseau-mouche, des oiseaux-mouches ;* Excepté : *Un Hôtel-Dieu, des Hôtels-Dieu ; un brèche-dents, des brèche-dents ; un bain-marie, des bains-marie ; un appui-main, des appuis-main ;* parce que le sens particulier des mots rejette le pluriel.

EXERCICE.—*Orthographiez ces noms composés.*

Les Hôtel-Dieu sont le refuge des infirmités humaines. Les garde-chasse sont souvent plus funestes au gibier que les braconniers les plus dangereux. Il y a des garde-malade dont les soins sont appréciés. L'usage des bain-marie date de la plus haute antiquité. Les peintres ne pourraient travailler sans leurs appui-main. Les pigeon-polonais sont plus gros que les pigeon-paon. Il y a en France 86 chef-lieu de départements. Les chien-lion étaient de mode, ils avaient supplanté les griffons.

---

60. Si le *nom* est composé *d'un substantif et d'un adjectif*, ils prennent l'un et l'autre la marque du pluriel. *Un beau-père, des beaux-pères ; un garde-champêtre, des gardes-champêtres.*

Exceptions :

Un blanc-seing,	— des blanc-seings ;
Un chevau-léger,	— des chevau-légers ;
Un terre-plein,	— des terre-pleins ;
Une grand'mère,	— des grand'mères ;
Une grand'tante,	— des grand'tantes ;
Un grand'croix,	— des grand'croix ;
Un demi-ton,	— des demi-tons ;
Un havre-sac,	— des havre-sacs ;
Un semi-ton,	— des semi-tons ;
Une grand'messe,	— des grand'messes ;

Et tous les mots commençant par *vice : Des vice-*

rois, *des vice-consuls*, parce que le sens particulier des mots rejette le pluriel. Il est à remarquer que, s'il entre dans la composition du nom un mot pris adjectivement qui ne s'emploie pas seul, comme : *cervier*, *garou*, *grièche*, *gutte*, *bot*, *cochère*, ce mot prend la marque du pluriel, et l'on écrit : *Des loups-garous, des pies-grièches, des gommes-guttes, des pieds-bots, des portes-cochères, des guets-à-pens, des épines-vinettes.*

EXERCICE.— *Orthographiez ces noms composés.*

Les civettes cherchent comme les renards à entrer dans les basse-cour. Les orang-outang ont l'instinct de s'asseoir à table. Nos petit-maître sont vraiment ridicules. On ne trouve guère les chat-huant ailleurs que la nuit. Les loup-garou, les revenants ne sont que des épouvantails d'enfants. Gardez-vous de donner des blanc-seing même à vos amis. Les gens de mauvaise foi sont des pied-bot en affaires.

------

61. Lorsque le *nom composé* est formé de *deux substantifs unis par une préposition*, le premier prend seul la marque du pluriel : *Un jet-d'eau, des jets-d'eau; un arc-en-ciel, des arcs-en-ciel.*

Exceptions :

Un coq-à-l'âne ;	— des coq-à-l'âne;
Un pot-au-feu,	— des pot-au-feu ;
Un pied-à-terre ,	— des pied-à-terre ;
Un vol-au-vent ,	— des vol-au-vent ;
Un serpent-à-sonnettes ,	— des serpents-à-sonnettes;
Un char-à-bancs ,	— des chars-à-bancs.

EXERCICE. — *Orthographiez ces noms composés.*

Les belle-de-nuit du Pérou ne fleurissent que la nuit. On ne peut attribuer aucun des chef-d'œuvre de l'homme au hasard. Nous vîmes voler des manche-de-velours, oiseau marin blanc dont les ailes sont bordées de noir. Mille arc-en-ciel se croisent sur l'abîme. Les vol-au-vent ne sont plus si légers qu'autrefois. Aux environs des grandes villes, il y a beaucoup de pied-à-terre. La plupart des gens font des coq-à-l'âne. Les meilleures eau-de-vie sont tirées de Cognac et de Montpellier. Les barbe-de-chèvre sont des plantes à fleurs blanches.

---

62. Quand le *nom composé* est formé *d'un substantif joint à un verbe, à un adverbe ou à une préposition*, le nom seul prend la marque du pluriel : *Un arrière-neveu, des arrière-neveux ; une contre-vérité, des contre-vérités.*

Exceptions :

Un réveil-matin, — des réveil-matin ;
Un serre-tête, — des serre-tête ;
Un prie-Dieu, — des prie-Dieu ;
Un casse-tête, — des casse-tête ;
Un gagne-pain, — des gagne-pain ;
Un contre-poison,— des contre-poison.
Un ou des porte-mouchettes ;
Un ou des cure-dents ;
Un ou des cure-oreilles ;
Un ou des chasse-mouches ;

Un ou des couvre-pieds ;
Un ou des essuie-mains ;
Un ou des abat-jours ;
Un ou des coupe-gorge.
Un ou des chasse-marée.
Un ou des porte-clefs.
Un ou des à-comptes.

Il faut observer que lorsque le mot *garde* fait partie d'un substantif composé, il est substantif et varie, s'il désigne une personne, comme : *Des gardes-malades* ; mais il est verbe et invariable s'il désigne une chose : *Des garde-fous*.

EXERCICE.—*Orthographiez ces noms composés.*

On assure que les porte-faix de Constantinople portent des fardeaux de neuf cents livres pesant. Dans les hautes places, les plus légères fautes ont de violents contre-coup. Mes arrière-neveu me devront cet ombrage. Les souffrances, les maladies sont les avant-coureur de la mort. Ce pont n'avait pour garde-fou que de grands roseaux. Les garde-vue garantissent les yeux d'une trop vive lumière. Ces calculs sont de véritables casse-tête. Les porte-drapeau sont bien exposés.

---

63. Lorsqu'un *nom composé* ne renferme que des *mots invariables de leur nature*, aucun d'eux ne prend la marque du pluriel : *Des pour-boire, des passe-passe, des passe-partout, des in-douze, des ouï-dire, des pince-sans-rire, des passe-debout, des qu'en-dira-t-on.*

EXERCICE. — *Mettez le singulier ou le pluriel aux noms composés qui suivent.*

Nous avons donné des pour-boire à ces hommes qui nous ont rendu service. Parlez-moi de ces deux boute-en-train ; mais les autres m'ont l'air de sournois et de pince-sans-rire. Il ne faut pas s'arrêter à la plupart des ouï-dire. Les voleurs sont toujours munis de passe-partout. Les personnes douées de finesse ont toujours à leur disposition des savoir-faire. Pendant la nuit, on n'entend dans les longs corridors des prisons que des qui-va-là.

<h2 style="text-align:center">EXERCICE</h2>

DE RÉCAPITULATION SUR LES NOMS COMPOSÉS.

On n'est pas un Corneille pour avoir rempli des bout-rimé, ni un Archimède pour avoir inventé des casse-noisette. Les cent-suisse et les chevau-léger étaient des compagnies de la maison du roi. Querelleurs et vaillants, les rouge-gorge ne peuvent avoir de rivaux sans les combattre. Enfants, hâtez-vous de rassembler vos ballons, vos volants et vos cerf-volant. Les loup-cervier du Canada sont seulement plus petits et plus blancs que ceux d'Europe. Les reine-marguerite, les asters, les soucis, les soleils et les poire-de-tête portent toutes des fleurs radiées. Les lois sont les arc-boutant de la société : n'en sont-elles pas aussi les garde-fou ? Les serpent-à-sonnette cachés dans les prairies de l'Amérique, font bruire sous l'herbe leurs sinistres grelots. L'habileté et l'amour du travail sont les meilleurs gagne-pain. Les ver-à-soie nous viennent de la Chine, Quoique les pie-grièche se nourrissent d'insectes, elles aiment la chair de préférence. Les oiseau-mouche sont les bijoux de la nature. Les voyageurs prudents se munissent de passe-port. Les contre-marche trompent l'ennemi. Quelles gens que les avares qui passent leur vie à compter les écus entassés dans leurs coffre-fort! Je n'affirme pas ces nouvelles, ce ne sont que des soit-disant. On entend les tic-tac de toutes les pendules de la maison. Ces mendiants gardent leur argent dans des tire-lire. Les abat-jour ont le double avantage de reposer la vue et de procurer une lumière plus vive. Il ne faut pas pousser la crédulité au point d'ajouter foi à tous les ouï-dire et à tous les conte-bleu qui vont circulant de proche en proche. Les fau-fuyant que l'on prend pour déguiser la vérité ne sont que des mensonges travestis. Il y a des gobe-mouche de tout âge et de tout rang. En Angleterre, la plupart des hôtels n'ont pas de porte-cochère. Paris est une grande basse-cour composée de coq-dinde qui font la roue et de perroquets qui répètent les paroles sans les entendre. Les perce-neige portent des fleurs au milieu des rigueurs de l'hiver. Le duel est un moyen perfide à l'aide duquel un coupe-jarret peut assassiner en sûreté un honnête homme. Qu'est-ce que la plupart des louanges dans le style du monde? Des contre-vérité couvertes du voile de l'honnêteté. Les mendiants vont nu-pied et les flatteurs nu-tête.

---

64. Lorsqu'un *nom composé est précédé des pré-*

positions *à*, *de*, *par*, *en*, il s'emploie au singulier si le sens est vague, général : il se met au pluriel si le sens est particulier, individuel, et qu'il éveille une idée de pluralité :

Un lit de plume ;	— Un paquet de plumes ;
Dix rames de papier ;	— Un tas de papiers ;
Des œufs de poule ;	— Un combat de poules ;
Des gens d'épée ;	— Un fabricant d'épées ;
Des siècles de gloire ;	— Une source de larmes ;
Un maître de musique ;	— Un maître de langues ;
Un homme à imagination	— Un homme à préjugés ;
Une chaise en paille ;	—Une armée taillée en pièces.

EXERCICE. — *Écrivez les noms prépositionnels au singulier ou au pluriel.*

La gelée de groseille est très-bonne pour les malades. Il faut lui donner du bouillon de veau ou de poulet. Nous avons vu plusieurs troncs d'arbre arrachés sur la route. Les combats de coq en Angleterre sont un amusement pour le peuple. Quoique Paris soit une ville de plaisir, il y a cependant beaucoup de personnes qui y meurent de chagrin. Les marchands de musique vendent aussi des cahiers d'écriture. On trouve souvent, même dans les villes les plus riches, des gens qui sont sans pain, sans argent, sans habit, et même sans soulier. Le midi de la France est fertile en vin de toute espèce. Cet enfant a présenté un bouquet de rose à sa mère le jour de sa fête. Voilà des tonneaux pleins de vin. Ces tentes sont couvertes de peau d'agneau. Cette montagne produit beaucoup d'herbe aromatique propre à la médecine. Les personnes qui se livrent à l'étude sont sujettes aux maux de tête. Ce champ est planté d'arbre à fruit. Ce vêtement n'a pas de manche. Cette personne est accablée d'infirmité et elle les souffre avec beaucoup de patience. Donnez-moi tous les recueils de gravure que vous avez. Apportez-nous un panier de fraise et un kilo de raisin.

QUESTIONNAIRE.— 32. *De quel genre est le mot aide ? — 33. De quel genre est le mot aigle ?— 34. Qu'y a-t-il à remarquer sur amour, délice et orgue ? — 35. Qu'y a-t-il à remarquer sur l'expression quelque chose ? — 36. De quel genre est le mot couple ? —37. De quel genre est le mot automne ? — 38. De quel genre est le mot exemple ?— 39. De quel genre est le mot foudre ? — 40. Qu'y a-t-il à remarquer sur le mot hymne ? — 41. Qu'y a-t-il à remarquer sur le mot œuvre ? — 42. Qu'y a-t-il à remarquer sur le mot orge ?—43. Qu'y a-t-il à remarquer sur le mot période ? — 44 Que remarque-t-on sur le mot gens ? — 45. Les mots invariables de leur nature employés comme noms se mettent-ils au pluriel ? — 46. Quels sont les différents pluriels du mot aïeul ? — 47. Quel est le pluriel du mot ail ? — 48. Comment le mot ciel fait-il au pluriel ? — 49. Quels sont les différents pluriels du mot œil ? — 50. Quels sont les différents pluriels du mot travail ? — 51. Les noms propres prennent-ils le pluriel ? — 52. Quels sont les noms dérivés des langues étrangères qui prennent le pluriel ? — 53. Quels sont les noms dérivés des langues étrangères dont le nombre est incertain ? — 54. Qu'appelle-t-on noms collectifs et comment les divise-t-on ? — 55. Qu'appelle-t-on collectifs généraux ? — 56. Qu'appelle-t-on collectifs partitifs ? —*

57. Comment distingue-t-on les collectifs généraux des collectifs partitifs ? — 58. Qu'appelle-t-on substantifs composés ? — 59. Quelle règle suit un nom composé formé de deux substantifs ? — 60. Quelle règle suit un nom composé formé d'un substantif et d'un adjectif ? — 61. Quelle règle suit un nom composé formé de deux substantifs unis par une proposition ? — 62. Quelle règle suit un nom composé formé d'un adjectif joint à un verbe, à un adverbe ou à une proposition ? — 63. Quelle règle suivent les noms composés qui ne renferment que des mots invariables ? — 64. Quelle règle suit un nom précédé des prépositions à, de, en, par, sans, etc. ?

CHAPITRE III.

De l'article.

65. *L'article s'emploie devant les noms communs* pris dans un sens déterminé, c'est-à-dire désignant un genre, une espèce ou un individu. Le genre, *l'homme est mortel.* L'espèce, *l'homme prudent réfléchit avant d'agir.* L'individu, *l'homme au masque de fer fut détenu à l'île Sainte-Marguerite..*

66. Quand les noms sont pris dans un sens indéterminé, ils rejettent l'article que l'on remplace par une préposition. On dit donc sans article : *Des rideaux de croisée, une table de jeu, une bêche de jardinier,* parce qu'on ne détermine pas quelle est la *croisée,* quel est le *jeu* et le *jardinier* dont on parle. Le sens de ces mots est donc indéterminé.

Toutes les fois que *de* est placé entre deux noms il est toujours préposition.

67. Si les noms précédés d'une préposition sont employés dans un sens déterminé, ils prennent l'article : *Les rideaux de la croisée, la chambre des domestiques, la bêche du jardinier*, parce que les mots *croisée, domestiques, jardinier*, sont employés dans un sens déterminé.

EXERCICE. — *Complétez les articles et indiquez si les noms sont pris dans un sens déterminé ou indéterminé.*

Doit-on accomplir l... serments d... haine. Le moment d... péril est celui d... courage. D... argent qu'on a pris fait d... peine à rendre. En France, la forme d... gouvernement est monarchique. On a beaucoup disputé sur la meilleure forme d... gouvernement. L'esprit d... enfants est presque toujours rempli d... ténèbres. Vos projets sont d... jeux d... enfants. La gloire d... rois d... terre a peu d... durée. Ne soyons pas dans nos rapports avec nos égaux pots d... fer, mais pots d... terre. J'ai rapporté d... promenade un bouquet d... fleurs. Faites-moi une corbeille d... fleurs que vous avez cueillies. Ce château est un vrai palais d... roi. Ne quittez pas Versailles sans avoir visité le palais d... roi. J'ai une table d... marbre qu'on tire d... Carare. Cette statue d... marbre est bien sculptée. Vous buvez d... l'eau d... rivière. L'eau d... rivière qui baigne les murs de votre château est assez limpide.

Les intérêts d... état sont entre les mains d...
hommes d... état.

---

68. On emploie *du*, *des*, *de la* devant les noms
communs employés dans un sens partitif, c'est-à-
dire, pour distinguer une partie des personnes ou
des choses dont on parle : *Il a du papier*, c'est-à-
dire *quelque papier*. *Vous avez de la fortune*, c'est-
à-dire *quelque fortune*. *Nous possédons des amis*,
c'est-à-dire *quelques amis*.

EXERCICE. — *Complétez les articles.*

Quand on a d... esprit on se tire d... affaire. La
patrie a toujours d... charmes pour nous. Un bon
législateur n'ordonne pas toujours d... peines pécu-
niaires et n'inflige pas toujours d... peines corpo-
relles. La crainte d... châtiment empêche d... faire
d... mal. Le plus grand plaisir que l'élévation procure est celui d... faire d... bien. Ce n'est pas sans
raison que la nature a donné d... épines à ... roses.
On ne saurait donner d... mérite à ceux qui n'en
ont pas. Quand on voit quelqu'un faire d... fautes,
il faut toujours se demander à soi-même comme
Platon : ne lui ressemblé-je pas?

---

69. On emploie l'article devant les noms qui servent de régime direct à un verbe quand la phrase
est affirmative : *Faites-lui du bien, mangez des
fruits, donnez-lui de l'argent*. On supprime ordinairement les articles déterminés, *le*, *la*, *les*, lorsque la phrase est négative : *Ne lui faites pas de*

bien. Ne mangez pas de fruits. Ne lui donnez pas d'argent. Dans ces phrases *de* est article indéterminé et le régime est un régime direct.

EXERCICE. — *Complétez les articles et les prépositions.*

En donnant à vos peuples l... véritables biens, vous vous ferez d... bien à vous-même. On ne dit jamais qu'on n'a point d... esprit. On ne procure pas la gloire de Dieu en faisant d... mal a... hommes. L'ingratitude ne doit pas empêcher de faire d... aumônes. Ceux qui ont besoin d... secours de Dieu ne trouvent jamais entre eux et lui d... barrières impénétrables. Ne laissez jamais d... fleurs dans une chambre à coucher. Le maître ne doit point donner d... préceptes ; il doit les faire trouver. Le pauvre qui ne fait point d... cadeaux à son ami qui est riche, lui prouve sa délicatesse. Un seul jour perdu ne devrait-il pas nous laisser d... regrets mille fois plus cuisants, qu'une grande fortune manquée.

---

70. On remplace l'article *des* par *de* devant un nom précédé d'un adjectif : *De profondes racines, de superbes bâtiments ;* mais si le nom est suivi d'un adjectif, on emploie l'article *des : Des racines profondes, des bâtiments superbes.* Il faut remarquer que lorsque le nom et l'adjectif qui le précède sont liés par le sens d'une manière inséparable, alors ils sont considérés comme ne formant qu'un seul mot et prennent l'article : *Des petits-pois, des pe-*

tits-pâtés, des petits-maîtres, des bons-mots, des jeunes gens, des petites-maisons.

EXERCICE. — *Choisissez les articles et les prépositions.*

Il y a d... mauvais exemples qui sont pires que les crimes. Les auteurs du siècle de Louis XIV avec d... mots simples ont exprimé d... grandes pensées. Les personnages les plus ridicules dans le commerce d... société, sont ceux qu'on appelle d... petits-maîtres. Le moment d... mort n'est pas celui d... faire d... beaux discours. Ne rougis point de profiter d... bons conseils. Un grand cœur, disait un roi de Perse, reçoit d... petits présents d'une main et en fait d... grands de l'autre. On le voit toujours avec d... beaux-esprits ou d... grands seigneurs. Si le corps se fortifie par d... travaux modérés, c'est par de... sages instructions que l'esprit se perfectionne. Prenez garde de sacrifier vos amis à d... intérêts passagers. C'est le propre d... génie de produire d... grands effets par d... petits moyens. Ceux qui disent d... bons mots ne font rire que de sottes gens. Comment un homme qui n'a pas d... idées nettes d... justice pourrait-il être bon magistrat? Une âme basse suppose toujours d... motifs méprisables aux actions les plus nobles. Ne dites pas d... choses vagues.

---

71. On supprime *l'article :*

1° Devant les noms qui sont sous la dépendance de l'une de ces expressions : *Combien de, que de, peu de, beaucoup de, moins de, plus de, autant de, espèce de, genre de, sorte de, portion de, nombre de, foule de, quantité de, infinité de.* Exemples : *Tant d'amis, beaucoup de gens, que de maux, toutes sortes de plaisirs.* Cependant si le nom était déterminé par quelques circonstances particulières, il faudrait faire usage de l'article : *Un grand nombre des personnes que j'ai vues hier m'ont dit du bien de vous. Il me reste peu des fruits qu'on a cueillis.*

2° On supprime *l'article* dans les phrases proverbiales et sentencieuses : *Pauvreté n'est pas vice.*

3° Dans les énumérations et avant les mots qui figurent en apostrophe : *Tombeaux, trônes, palais, tout périt, tout s'écroule. Répondez, cieux et mer, et vous, terre, parlez.*

EXERCICE. — *Placez ou retranchez l'article.*

A quoi bon tant d... amies! Une suffit quand elle est vertueuse. Les premiers saints ont fait beaucoup d... miracles. Combien d... favoris d... fortune, sortis tout à coup d... néant, vont saisir les premiers postes! Que d... biens, que d... maux sont prédits tour à tour! Sully avait autour de lui un nombre prodigieux d... gardes, d... écuyers, d... gentils hommes. ... Charlatans, ... faiseurs d'horoscope, quittez les cours d... princes d... Europe. L... méfiance est toujours mère d... sûreté. L... témérité n'est pas l... prudence. L... centurions et l... soldats, chacun murmurait contre les ordres du général. L... vieillards, l... hommes, l... enfants, tous voulaient me voir. Est-ce la mode que l... baudet aille à l'aise et l... meunier s'incommode? Avec une volonté ferme, peu d... obstacles sont insurmontables. Qui a plus d... orgueil et moins d... humanité qu'un sot heureux? Si l'on pouvait avoir un peu d... patience, on s'épargnerait bien d... chagrins. Le singe est toujours l... singe et le loup toujours l... loup. La prospérité fait beaucoup d... flatteurs et peu d... amis. L... bois, l... prés, l... champs, l... animaux tout est pour l'usage d... homme.

---

72. On emploie *l'article* après les expressions *bien de, la plupart de, le plus grand nombre de, la plus grande partie de, la foule de*, etc. : *Bien des écoliers ; la plupart des hommes : le plus grand nombre des habitants.* On dit cependant : *Bien d'autres*, et non *bien des autres*.

EXERCICE. — *Complétez les articles.*

Celui qui sait renoncer à une grande autorité, se délivre, en un moment, de bien d... peines, de bien d... veilles et quelquefois de bien d... crimes. La plupart d... femmes se conduisent par le cœur. La plupart d.. arabes vivent comme d... bergers nomades. Les hommes à imagination sont exposés à bien d... fautes. La plupart d... gens ne font réflexion sur rien. Bien d... pauvres ont été secourus Le plus grand nombre d... élèves a été récompensé. La plus grande partie d... hommes négligent leurs devoirs envers Dieu. Fourvières ne peut contenir la foule d... pélerins.

---

73. 1° On répète ordinairement l'article devant les mots employés dans un sens déterminé, quand le premier nom est précédé de l'article : *Les sciences et les arts ; le père et la mère.* 2° Lorsqu'un nom est précédé ou suivi de plusieurs adjectifs liés par la conjonction *et*, l'on emploie une seule fois l'article si les deux adjectifs servent à qualifier un seul et même nom. *Le simple et sublime La Fontaine. Le pieux et touchant Fénelon. Le bon et brave Henri IV.* Mais si, au contraire, on veut déterminer plusieurs noms, c'est-à-dire si les adjectifs expriment des qualités opposées, il faut répéter l'article devant chacun des adjectifs: *Les bons et les mauvais conseils. L'ancien et le nouveau Testament.* Les deux règles précédentes s'appliquent également à *un, une, mon, ma, mes, ton ta, ta, tes, ce, cet cette, nos, vos,* etc. : *Nos pêches, nos raisins et nos noisettes sont mûres.*

EXERCICE. — *Employez ou supprimez l'article.*

L... année, l... saisons, l... longueur des jours et des nuits dépendent absolument du mouvement de la terre autour du soleil. Ces enfants croient que l... sorciers et l... sorcières ont le pouvoir d'attirer les esprits. L... soldats et l... habitants des villes deviendraient ennemis les uns des autres si une bonne discipline n'était établie dans l'armée. La première et l... seconde enfance ne nous présentent qu'un état de misères. L'Egypte se vantait de régler par son fleuve l... bonne ou l... mauvaise destinée de ses vainqueurs. Votre frère s'est proposé pour modèle l... sage et l... humble saint Augustin. Si nous voyageons, l... belles et l... fertiles plaines nous ennuient. L... ancien et l... nouveau continent paraissent tous les deux avoir été rongés par l'Océan. La Providence permit que la conversion de votre père ne fût pas douteuse aux yeux d... bon et d... mauvais parti. Tout homme à s... heureuses et s... blâmables inspirations. Vous reconnaîtrez u... français, u... italien, u... anglais, u... espagnol, à son style comme aux traits de son visage. Souvent n... malheurs et n... torts viennent de notre peu d'expérience.

---

74. On emploie *le*, *la*, *les* avant les adverbes *plus, mieux, moins,* si l'on veut exprimer une comparaison : *C'est la personne la plus heureuse. Les eaux les moins rapides sont les moins saines.*

75. On emploie *le invariable* avant *plus, mieux, moins* quand on veut exprimer une qualité portée au plus haut point, alors *le* forme, avec les adverbes *plus, mieux, moins,* une locution adverbiale : *C'est la personne que j'ai le mieux aimée, c'est celle qui travaille le mieux.* Il faut remarquer que *le plus, le mieux, le moins* sont toujours invariables lorsqu'ils se rapportent à un verbe ou à un adverbe. *Racine et Boileau sont les poètes qui écrivent le mieux et qui s'expriment le plus noblement.*

EXERCICE. — *Employez le, la, les, ou simplement le, avant plus, mieux, moins.*

L... meilleure de toutes les éducations est l... plus ordinaire, l... moins sévère et l... plus proportionné, je ne dis pas aux forces, mais à la faiblesse de l'enfant. Je vois revivre le siècle d'Auguste, et les temps l... plus polis et l... plus cultivés de la Grèce. Achille est représenté comme l... plus impétueux et l... plus politique des hommes. L'incertitude des événements trouble les jouissances l...plus pures. Les animaux que l'homme a l... plus admirés sont ceux qui lui ont paru participer de sa nature. Il y a un tour à donner à tout, même aux choses qui en paraissent l... moins susceptibles. Les peuples qui vivent de végétaux sont de tous les hommes l... moins exposés aux maladies et aux passions. L'Inde est la contrée l... plus anciennement policée. Aux yeux de l'envie, la réputation l... mieux établie n'est qu'une erreur publique.

---

76. Les *noms propres* rejettent l'article, excepté :

1° Ceux qui sont précédés d'un adjectif : *Le bon La Fontaine.*

2° Ceux qui désignent plusieurs individus du même nom : *Les deux Racine, les deux Corneille, les Bourbons.*

3° Ceux qui sont employés comme noms communs : *Les Virgiles sont rares.*

4° Les noms de rivières, de fleuves, de montagnes : *La Saône, le Rhône, les Alpes.*

EXERCICE. — *Placez ou retranchez les articles.*

Quand l... Poussin a voulu faire un tableau du déluge universel, il n'a représenté qu'une famille.

Il est dans nos hameaux d... Socrates champêtres. Alexandre était fils de Philippe, roi d... Macédoine. L... Bourgogne produit d'excellents vins. Ce fut dans les plaines d... Tours que l... grand Charles Martel remporta cette brillante victoire qui sauva l... Europe du joug du Croissant. Un roseau d'une espèce inconnue fit soupçonner à l... aventureux Christophe Colomb l'existence d'un autre monde. Rouen est la patrie d... deux Corneille. Vit-on l... Duguesclin, l... Nemours, l... Bayard... suivre les étendards de l'incrédulité ?

QUESTIONNAIRE. — *65. Quel est l'emploi de l'article devant les noms communs ? — 66. Place-t-on l'article devant les noms pris dans un sens indéterminé ? — 67. Les noms employés dans un sens déterminé prennent-ils l'article ? — 68. Dans quel cas emploie-t-on* du, des, de la *? — 69. Emploie-t-on l'article devant les noms qui servent de régime direct à un verbe ? — 70. Dans quels cas remplace-t-on l'article* des *par* de *? — 71. Dans quels cas supprime-t-on l'article ! — 72. Emploie-t-on l'article après* bien de, la plupart de, *etc. ? — 73. Dans quels cas répète-t-on l'article ? — 74. Dans quels cas emploie-t-on* le, la, les *devant les adverbes* plus, mieux, moins *? — 75. Dans quels cas emploie-t-on simplement* le *devant* plus, mieux, moins *? — 76. Quels sont les noms propres devant lesquels on emploie l'article ?*

CHAPITRE IV

De l'Adjectif.

77. L'adjectif *qui qualifie plusieurs noms* s'accorde seulement avec le dernier :

1° Lorsque les noms sont synonymes : *Toute sa vie n'a été qu'un travail, qu'une occupation continuelle. Il a montré une réserve, une retenue digne d'éloges.* (Quand les noms sont synonymes, on ne doit pas les unir par la conjonction *et*).

2° Quand il y a gradation dans les mots, surtout en poésie : *Le fer, le bandeau, la flamme est toute prête.*

3° Quand le dernier substantif frappe le plus l'esprit quoiqu'il n'y ait pas gradation : *On entendit des plaintes et un mécontentement universel.*

4° Quand les noms sont unis par la conjonction *ou* qui donne l'exclusion à l'un des deux substantifs : *Cette conduite ne peut être l'effet que d'une patience ou d'une insensibilité très-grande.* Lorsque l'adjectif qualifie à la fois les deux objets, il prend le pluriel ; mais on place le nom masculin le dernier si l'adjectif a une terminaison différente pour le féminin : *Les sauvages de la baie d'Hudson vivent fort longtemps quoiqu'ils ne se nourrissent que de chair ou de poisson crus.* Alors *ou* peut se remplacer par *et*.

EXERCICE. — *Orthographiez ces adjectifs.*

Auguste gouverna Rome avec un tempérament, une douceur soutenu à laquelle il dut le pardon de ses anciennes cruautés. Je ne connais point de roman, point de comédie espagnol sans combat. La place fut remplie de six-vingt licteurs qui écartaient la foule avec un faste, un orgueil insupportable. Armez-vous d'un courage et d'une foi nouveau. Le sourire est une marque de bienveillance, d'applaudissement et de satisfaction intérieur. Le bon goût des Égyptiens leur fit aimer la solidité et la régularité tout nu. On demande un homme ou une femme âgé. Voici des êtres dont la taille et l'air sinistre inspirent l'effroi. Qu'est-ce que l'esprit dont les hommes paraissent si vains ? C'est une puissance orgueilleuse qui est souvent contraire à l'humanité et à la simplicité chrétien. Une feuille est attachée à son rameau par une queue ou pédicule fort court sillonné en gouttière. Nous ne savons ce que c'est que bonheur ou malheur absolu. Je veux un cheval ou une jument bien dompté. Je laisserai mon bien à mon frère ou à ma sœur ainé. Donnez-moi un crayon ou une plume bien taillé. Les vices ou les vertus des hommes ordinaires sont obscur comme leur destinée. L'aigle fend l'air avec une vitesse, une rapidité prodigieuse. On trouve dans les fables de La Fontaine une naïveté, une ingénuité admirable. La fortune des riches, la gloire des héros, la majesté des rois est passager. Le peuple, la cour, la reine, le roi est consterné de cette défaite.

78. Les adjectifs *pris adverbialement*, c'est-à-dire placés immédiatement après un verbe ou un adverbe, sont toujours invariables :
Ces livres coûtent cher. Ces violettes sentent bon. On lui a coupé les cheveux trop court.

79. Dans les *adjectifs composés*, si le premier adjectif est employé adverbialement il est invariable : *Vos lettres sont maintenant clair-semées. Légère et court vêtue, elle allait à grands pas.* Mais si les deux adjectifs sont qualifiés l'un par l'autre, ils restent tous deux invariables, le premier étant pris substantivement : *Des couleurs rose-tendre. Des cheveux châtain-clair.* C'est-à-dire d'*un rose tendre*, etc.

EXERCICE. — *Orthographiez ces adjectifs.*

En Laponie, les loups sont presque tous gris-blanc. Le colibri à gorge carmin a quatorze centimètres de longueur. La nonnette cendrée se tient dans les bois plus que dans les vergers et les jardins. L'hyène a le poil du corps et la crinière d'une couleur gris-obscur. Quand on se couche on a des pensées qui ne sont que gris-brun. Tous les honneurs paraîtraient payés trop cher à l'honnête homme, s'ils lui avaient coûté quelque bassesse. Mère écrevisse disait un jour à sa fille : comme tu vas, bon Dieu ! Tu ne peux marcher droit. De ma vie, je n'ai entendu des voix de femmes monter si haut. Les chevaux dressent les oreilles et paraissent se tenir fier et ferme au son de la trompette. On dit que les verres frottés de persil se cassent net. Les soies de l'éléphant sont très-clair-semé sur le corps ; mais assez nombreux aux cils des paupières. Toutes ces marchandises ont été pesées juste. Ces livres sont beau et cher. Néron avait les cheveux châtain-clair, les yeux bleu-foncé et la vue basse. La volatille malheureux, demi-mort et demi-boiteux, droit au logis s'en retourna.

---

80. Les adjectifs *nu, demi, excepté, supposé, y compris, passé, ci-joint, ci-inclus, vu, franc de port* sont invariables quand ils précèdent le nom : *Il est nu-tête. Une demi-heure. Excepté ces personnes. Supposé telle circonstance. Y compris sa maison de campagne. Passé cette époque.*

Ces adjectifs s'accordent lorsqu'ils sont placés après le nom : *La tête nue. Une heure et demie. Ces personnes exceptées. Cette circonstance supposée,* etc.

Le mot *demie* ne prend la marque du pluriel que lorsqu'il est employé comme nom : *Cette horloge sonne les demies.* On dit aussi : *La nue propriété.* Il faut remarquer que les adjectifs *nu* et *demi* ne prennent un trait d'union que lorsqu'ils précèdent le nom.

81. *Feu* reste invariable lorsqu'il est placé avant l'article ou les mots *un, une, mon, ton, ce, cette* : *Feu votre tante voyait souvent feu la reine.* Il s'accorde au contraire lorsqu'il est placé après l'article ou les adjectifs *mon, ton,* etc. : *La feue reine. Votre feue tante.*

EXERCICE. — *Orthographiez ces adjectifs.*

J'ai ouï dire à feu ma sœur que sa fille et moi naquîmes la même année. Un service solennel pour les feu rois Louis XVI et Louis XVII eut lieu à Notre-Dame. Il faut accoutumer les enfants à demeurer été et hiver, jour et nuit tête nu. Les grands ne se croiraient pas des demi-dieux si les petits ne les adoraient pas. Le soleil tourne sur son axe en vingt-cinq jours et demi. Une demi-heure après avoir quitté le vaisseau, je foulai le sol américain. Cette pendule n'a pas sonné la demi parce qu'elle ne sonne pas les demi. Vous trouverez ci-inclus copie de ma lettre. J'ai reçu franc de port une lettre anonyme. Je vous recommande les cinq lettres ci-inclus. Le Contrat social est imprimé et vous en recevez douze exemplaires franc de port. Les traits des habitants de Boudou approchent de ceux des Européens, les Maures excepté. Monsieur le duc doit à la bienveillance dont l'honorait la feu reine, les bonnes grâces de l'Empereur. J'ai perdu tous mes effets, ma valise y compris. On ne gouverne pas une nation par des demi-mesures. Vous trouverez ci-joint la copie de la lettre de remercîment qu'il m'a écrite. Ce n'est que passé trois mois que ces jeunes oiseaux prennent leur essor. Tout est grand dans le temple de la faveur, excepté les portes qui sont si basses qu'il faut y entrer en rampant. Les peines passé ne sont plus rien pour ceux qui touchent à l'éternité. Saint Louis et son frère portaient en marchant nu-pieds la couronne d'épines. Supposé l'âme périssable, la société n'a plus de fondement. L'arche d'alliance avait deux coudées et demi de long. Feu la reine Blanche de Castille fut la mère de saint Louis. La vertu excepté, tout passe comme un songe. Les montagnards, qui ont en toute saison les jambes nu, marchent rarement nu-tête. Que d'argent vous auriez si toutes les lettres qu'on vous a écrites vous étaient parvenues franc de port. On recommande à votre complaisance les circulaires ci-joint. Vu les embarras que vous me suscitez, je renonce à cette entreprise. Ces papiers vu, je vous les enverrai. J'ai déboursé cette année dix mille francs y compris la dépense de mes voyages.

---

82. Il est des adjectifs qui ne conviennent qu'aux personnes et d'autres qu'aux choses.

Applicables aux personnes.	*Applicables aux choses.*
Adorable, consolable,	Aliénable, déplorable,
Blâmable, détestable,	Blâmable, détestable,
Inconsolable, respectable,	Pardonnable, impardonnable,
Inexcusable, inébranlable,	Incroyable, inestimable,
Impénétrable, excusable,	Habitable, impénétrable,
Estimable, intelligent,	Inaltérable, préférable,
Tempérant, conséquent.	Tempéré, conséquent.

EXERCICE. — *Les élèves feront des phrases sur ces adjectifs.*

---

83. Certains adjectifs donnent au nom une signification différente selon la place qu'ils occupent :

Un bon homme signifie *un homme simple, crédule ;* *un homme bon* se dit d'un homme *charitable, compatissant.*

Un brave homme est un homme de bien, de probité.	*Un homme brave* est un homme intrépide.
Un grand homme est un homme d'un grand mérite moral.	*Un homme grand* est un homme d'une grande taille.
Le grand air indique les manières d'un grand Seigneur.	*L'air grand* se dit d'une physionomie noble.

EXERCICE. — *Indiquez le sens des adjectifs suivants :*

Une fausse clef.	Une clef fausse.
Un mauvais air.	Un air mauvais.
Un pauvre homme.	Un homme pauvre.
Un plaisant homme.	Un homme plaisant.
Un petit homme.	Un homme petit.
Un seul mot.	Un mot seul.
Une pauvre langue.	Une langue pauvre.

---

84. Voici la liste des adjectifs et des participes qui se prononcent de la même manière, mais qui ont une orthographe différente.

Adjectifs.	*Participes.*
Extravagant, fatigant.	Extravaguant, fatiguant.
Fabricant, intrigant.	Fabriquant, intriguant.
Adhérent, inflluent.	Adhérant, infflluant.
Différent, divergent.	Différant, divergeant.
Excellent, négligent.	Excellant, négligeant.
Président, violent.	Présidant, violant.
et leurs composés.	et leurs composés.

EXCERCICE. — *Complétez les adjectifs et les participes.*

Les enfants néglig... promettent peu pour l'avenir. L'homme en néglig... ses devoirs ne comprend pas ses intérêts. Votre père est nommé présid... du tribunal de commerce. Vos maîtresses, tout en présid... vos jeux, étudient vos cœurs. Les caractères viol... sont difficiles à diriger. En viol... vos serments, vous manquez à l'honneur. J'ai reçu d'excell... conseils. Ce peintre en excell... dans son art s'est acquis une grande réputation. Ces enfants sont différ... de goûts et de caractère. En différ... votre conversion vous vous exposez à vous perdre. Les femmes adoptent de nos jours des modes extravag... En extravag... on montre un grand défaut de jugement.

Adjectifs possessifs.

85. On *remplace l'adjectif possessif* par *l'article* lorsque le sens indique clairement l'objet possesseur : *J'ai mal à la tête* et non pas *j'ai mal à ma tête. Marie s'est cassé le bras* et non pas *elle s'est cassé son bras*, parce que le sens indique assez clairement qu'il s'agit du bras de Marie. Il faut excepter le cas où l'on veut désigner quelque chose d'habituel, de périodique, de connu ; ainsi une personne qui est sujette à la migraine dirait : *J'ai ma migraine aujourd'hui.*

86. Quand *un nom de chose inanimée* se trouve exprimé dans la même proposition on fait usage des adjectifs possessifs *son, sa, ses,* etc. : *Chaque pays a ses lois. Votre maison a ses agréments. Chaque chose a son utilité.* Mais on remplace, par l'article et le pronom *en,* les adjectifs possessifs *son, sa, ses, leur, leurs,* lorsque le nom de chose inanimée n'est pas exprimé dans la même proposition : *Cette maison est belle, mais j'en crains le voisinage ; celle-ci est élégante, j'en aime la façade. Ces langues sont riches j'en admire les beautés.* Parce que les mots *voisinage, façade* et *beautés* font partie d'une seconde proposition.

EXERCICE. — *Placez les articles et les adjectifs possessifs.*

Fuyez la paresse et l'oisiveté ; ... suites ... sont funestes. La joie a ... larmes, les transports ont ... terme. Les sciences ont chacune ... roses et ... épines. Dieu laissa-t-il jamais ... enfants au besoin. Lorsque Charles XII reçut le coup qui termina dans un instant ... exploits et ... vie, il porta la main sur ... épée. Le malheureux rougit, baisse ... yeux et se retire confus. Je résolus de me rendre à Madrid , comme au centre des beaux esprits, pour y former ... goût. L'homme généreux met sous ... pieds les faveurs qu'il accorde et sur ... cœur celles qu'il reçoit. La gaîté est la santé de l'âme ; ... tristesse ... est ... poison. ... main de quelques fleurs, esquisse la peinture. François Ier investi de toutes parts , blessé ... bras, à ... jambe, ... visage, ne pouvant plus soutenir ... armes, se rendit à un capitaine. Le travail du corps charme ... soucis de l'âme; il ... fixe l'inquiétude naturelle. Pour anéantir un mal, il faut l'attaquer dans ... racine et dans ... germe. Si un enfant tombe de ... haut, il ne se cassera pas ... jambe; s'il se frappe avec un bâton, il ne se cassera pas ... bras. J'ouvre ... lèvres pour célébrer la gloire du Seigneur. Chacun voit les objets de la couleur des lunettes qu'il met sur ... nez.

Adjectifs numéraux.

87. *Vingt* et *cent* sont variables quand ils sont multipliés par un autre adjectif numéral, et suivis immédiatement d'un substantif. On écrit : *Quatre-vingts hommes. Deux cents francs.* Mais *vingt* et *cent* sont invariables :

1° Lorsqu'ils sont suivis d'un autre adjectif numéral, comme dans : *Quatre-vingt-cinq. Deux cent-dix..*

2° S'ils sont employés par abréviation pour *vingtième, centième* comme dans : *L'an cinq cent. Chapitre quatre-vingt.*

88. *Mille* signifiant dix fois cent est invariable : *Mille hommes. Deux mille francs.*

Mille mesure itinéraire, prend le pluriel: *Il faut plus de deux milles pour faire une de nos lieues.*

Mil par abréviation, dans la supputation des années à partir de l'ère chrétienne : *L'an mil huit cent trente-huit.* Mais on écrit *mille* en parlant des années qui ont précédé notre ère : *L'an du monde cinq mille huit cent cinquante-trois.*

EXERCICE. —*Orthographiez les adjectifs numé-*
raux vingt, cent et mille.

On a mil... remèdes pour consoler un honnête
homme et pour adoucir son malheur. On prétend
que le territoire de Rome ne comprenait au plus que
cinq ou six mil... d'étendue. En mil... sept cent...
quatre-vingt... Philippe II fut déclaré tyran et so-
lennellement déchu de son autorité dans les Pays-
Bas. La première irruption des Gaulois arriva sous
le règne de Tarquin, environ l'an du monde trois
mil... quatre cent... seize. André Doria vécut jusqu'à quatre-vingt... quatorze ans. Une chose arrive
aujourd'hui et presque sous nos yeux, cent... personnes qui l'ont vue la racontent en cent... façons
différentes. Pour les honoraires qui m'étaient dus et
que je n'avais pas demandés, on m'apporta chez
moi douze cent... francs. Charlemagne fut proclamé
empereur d'Occident en huit cent... L'air est huit
cent... fois plus léger que le plomb. Le vent qui
parcourt cent... mil... anglais à l'heure, c'est l'ouragan... On ne peut citer un roi de France qui ait
vécu quatre-vingt... ans. De mil... enfants nés dans
une même année, il en reste à peine six cent... au
bout de vingt... ans. La première République française fut proclamée le vingt... un septembre mil...
sept cent... quatre-vingt... douze et dura jusqu'au
dix-huit mai mil... huit cent... quatre, époque de
la création de l'Empire. Avant le déluge, les hommes vivaient jusqu'à neuf cent... ans. Saint Louis
au retour de la croisade fonda l'hospice des Quinze-
Vingt... pour trois cent... chevaliers auxquels les
Sarrasins avaient crevé les yeux.

Adjectifs indéfinis.

89. *Même* est adjectif ou adverbe. Il est adjectif :

1° Quand il est avant le nom : *Voici les mêmes personnes.*

2° Quand il est après un pronom ou un seul nom : *Ils vinrent eux-mêmes. Ses ennemis mêmes l'estiment.*

Même est adverbe :

1° Lorsqu'il est placé après un verbe et après une conjonction : *Exempts de maux réels, les hommes s'en forment même de chimériques. Nous travaillons tout le jour et même la nuit.*

2° Lorsqu'il précède ou suit un adjectif qu'il modifie : *Tout citoyen doit obéir aux lois même injustes.*

3° Quand il est placé après plusieurs noms : *Tout passe : les plaisirs, les douleurs même s'envolent sur les ailes du temps.*

EXERCICE. — *Orthographiez l'adjectif même.*

Le peuple et les grands n'ont ni les même vertus ni les même vices. C'est du sein même du mouvement que naît l'équilibre des mondes et le repos de l'univers. Les écorces même des végétaux sont en harmonie avec la température de l'atmosphère. Comment prétendons-nous qu'un autre garde notre secret, si nous ne pouvons le garder nous-même. On cesse de s'occuper des infortunés qu'on ne voit point, et on finit même par les oublier tout à fait. Les hommes, les animaux et même les plantes sont sensibles aux bienfaits. Les divertissements même de Pierre-le-Grand furent consacrés à faire goûter le nouveau genre de vie qu'il introduisit parmi ses sujets. Il faut être en garde contre les écrivains même accrédités. Les lois absurdes s'abolissent d'elles-même. Les déserts, les ruines même ont des charmes. Les animaux, les plantes, les légumes même étaient adorés en Égypte. Les magistrats doivent une égale justice à tout le monde, à leurs ennemis même. Les méchants même ne peuvent s'empêcher d'admirer la vertu.

---

90. *Tout* est adjectif ou adverbe : *Tout* adjectif s'accorde en genre et en nombre avec le nom ou le pronom auquel il se rapporte : *Tout le monde. Toute la terre. Tous les animaux. Toutes les plantes. Elles y sont toutes.*

Tout adverbe signifie *tout à fait, quoique* et reste invariable, quand il est placé avant un adjectif qui commence par une *voyelle* ou un *h muet* : *Tout altière qu'était Elisabeth d'Angleterre, elle était tout autre avec les simples particuliers.* Cependant quoique adverbe, *tout* s'accorde par euphonie quand il est suivi d'un adjectif féminin qui commence par une consonne ou un *h aspiré* : *Ce sont des choses toutes nouvelles pour moi. Elles restèrent toutes saisies, toutes honteuses.*

EXERCICE. — *Orthographiez l'adjectif tout.*

On perd tou... ses amis en perdant tou... son

bien. Le plus précieux de tou... les dons que nous puissions recevoir du ciel est une vertu pure et sans tache. La joie de faire du bien est tou... autrement douce que la joie de le recevoir. Le lion est tou... nerfs et muscles. Dans les pays du Nord on trouve des loups tou... blancs et tou... noirs. La valeur tou..: héroïque qu'elle est ne suffit pas pour faire des héros. Cette jeune personne est tou... honteuse de s'être exprimée comme elle l'a fait. Vous méritez sans doute une tou... autre destinée. Tou... autre place qu'un trône eût été indigne d'elle. La paresse tou... engourdie qu'elle est, fait plus de ravages chez nous que tou... les autres passions ensemble. La liberté de ce pays est tou... entre les mains du gouverneur. Les habitants des presqu'îles de l'Inde sont presque tou... noirs. En tou... chose il faut considérer la fin. En tou... pays, tou... les bons cœurs sont frères. Tou... l'Europe sait que la mer a englouti la moitié de la Frise.

---

91. 1° *Quelque* suivi d'un nom s'écrit en un mot, il est adjectif indéfini et suit la règle d'accord : *Quelques amis que vous ayez. Quelques trésors que nous possédions, nos désirs ne sont jamais satisfaits.*

2° *Quelque* suivi d'un verbe se met en deux mots *quel que* et alors *quel* adjectif indéfini est soumis à la règle d'accord et *que* conjonction reste invariable : *Quels que soient les humains, il faut vivre avec eux.*

3° *Quelque* suivi d'un adjectif, d'un participe ou

d'un adverbe s'écrit en un mot, il est adverbe et par conséquent invariable : *Quelque nombreux que soient vos amis. Quelque considérés que nous soyons. Quelque adroitement qu'ils s'y prennent.*

Mais si l'adjectif est immédiatement suivi d'un nom, *quelque* est adjectif et varie, à moins qu'il ne soit l'équivalent de *si*, bien : *Cueillez quelques belles fleurs. Quelque bons traducteurs qu'ils soient*, ils ne comprennent pas ce passage, c'est-à-dire, *si bons traducteurs.*

EXERCICE. — *Orthographiez l'adjectif quelque.*

Quel... qu... soient les opinions qui nous troublent dans la société, elles se dissipent presque toujours dans la solitude. Quel... qu... ait été la gloire des grands sur la terre, elle a toujours à craindre l'envie qui cherche à l'obscurcir. En Chine, on rend ceux qui gouvernent responsables des troubles quel... qu... en soit la cause ou le prétexte. Il y a du mérite sans élévation, mais il n'y a pas d'élévation sans quel... qu... mérite. Si la loi est juste en général, il faut lui passer quel... qu... applications malheureuses. Une femme quel... qu... grands biens qu'elle apporte dans une maison, la ruine bientôt si elle y introduit le luxe. Quel... qu... méchants que soient les hommes, ils n'oseraient paraître ennemis de la vertu. Quel... qu... heureusement doués que nous soyons, nous ne devons pas en tirer vanité. Du malheur quel... qu... en soit la cause, supportons les décrets de la justice divine. Quel... qu... fautes que vous ayez commises, vous trouverez grâce devant Dieu, si votre repentir est sincère. Quel... qu... services que vous rendiez à un ingrat, quel... qu... soient vos bontés à son égard, c'est un serpent que vous réchauffez dans votre sein. Quel... qu... cachés que soient les crimes, ils ne peuvent échapper à l'œil de la justice éternelle.

---

92. *Chaque* doit toujours être suivi d'un nom et n'a point de pluriel : *Chaque pays a ses coutumes. A chaque jour suffit sa peine. Chacun* au contraire, s'emploie sans être suivi d'aucun nom : *Ces livres coûtent six francs chacun.*

93. *Aucun et nul* s'emploient ordinairement au singulier : *Nul plaisir sans mélange. Aucun chemin de fleurs ne conduit à la gloire.* Cependant *aucun* et *nul* se mettent au pluriel quand ils sont suivis d'un nom qui n'a pas de singulier : *Il a obtenu sans aucuns frais ce qu'il demandait. Nuls vivres. Nulles gens. Aucuns matériaux.*

EXERCICE. — *Analysez les adjectifs chaque, chacun, aucun et nul.*

Aucun physicien ne doute aujourd'hui que la mer n'ait couvert une grande partie de la terre habitée. Les orages ne ravagent guère que les cultures de l'homme, ils ne font aucun tort aux forêts et aux prairies naturelles. Un malheur instruit mieux qu'aucune remontrance. On méprise tous ceux qui n'ont aucune vertu. Ces habitants ne peuvent souffrir aucun empire légitime, ne donnent aucunes bornes à leurs attentats. Nul bien sans mal. L'homme ne trouve nul part son bonheur sur la terre. Nulle paix pour l'impie; il la cherche, elle fuit. Chaque pays, chaque degré de température a ses plantes particulières. Chaque homme, en particulier, s'instruit par ses disgrâces. L'agile papillon de son aile brillante courtise chaque fleur, caresse chaque plante. Thèbes pouvait faire sortir dix mille combattants par chacune de ses portes. Quel spectacle de voir et d'étudier ces deux hommes et d'apprendre de chacun d'eux toute l'estime que méritait l'autre. Les consuls avaient douze licteurs chacun.

QUESTIONNAIRE. — *77. Dans quel cas l'adjectif qui qualifie plusieurs noms s'accorde-t-il avec le dernier ? — 78. Les adjectifs pris adverbialement sont-ils variables ? — 79. Quelle est la règle d'accord relative aux adjectifs composés ? — 80. Quelle règle suivent les adjectifs nu, demi, excepté, supposé, y compris, passé, ci-joint, ci-inclus, vu, franc de port ? — 81. Quelle règle suit l'adjectif feu ? — 82. Quels sont les adjectifs qui ne conviennent qu'aux personnes et ceux qui ne conviennent qu'aux choses ? —83. Peut-on placer indifféremment tout adjectif avant ou après le nom qu'il qualifie ? - 84. Qu'y a-t-il à remarquer sur les adjectifs qui se prononcent comme certains participes présents sans en avoir l'orthographe ? — 85. Dans quel cas remplace-t-on l'adjectif possessif par l'article ? — 86. Quand fait-on usage de son, sa, ses, avec un nom de choses inanimées ? — 87. Qu'y a-t-il à remarquer sur vingt et cent ? — 88. Quelle est l'orthographe de mille ? — 89. Qu'y a-t-il à remarquer sur même ?— 90. Qu'y a-t-il à remarquer sur le mot tout ?—91. Quelles sont les trois manières d'écrire le mot quelque ? —*

92. Qu'y a-t-il à remarquer sur les adjectifs chaque et chacun ? — 93. Dans quel cas aucun et nul se mettent-ils au pluriel ?

CHAPITRE V.

Du Pronom.

Pronoms personnels.

94. Les *pronoms personnels employés comme sujets* se placent en général avant le verbe : *Je prie, tu écris* ; excepté :

1° Dans les *phrases interrogatives*, ils se mettent après le verbe, auquel on le joint par un trait-d'union : *Viendra-t-il ? Partirons-nous ?*

2° Dans les *phrases exclamatives : Ah ! que viens-je d'entendre ! Est-il barbare !*

3° Dans les *phrases interjetées*, telles que *dit-il, répondit-elle : Je veux, dit-il, vous parler. Acceptez-vous, me dit-il, l'offre que je vous fais ? Non, lui répondis-je.*

4° Dans les phrases construites avec *aussi, en vain, peut-être, à peine, combien, encore, au moins, du moins, toujours,* etc. : *A peine étions-nous sortis qu'il plut. Combien font-ils souffrir leur entourage ?* Cependant le goût et l'harmonie permettent de placer le pronom avant le verbe dans les phrases où se trouvent ces locutions.

5° Après quelques verbes qui se mettent *au subjonctif* sans conjonction : *Puissé-je le revoir un jour! Dussé-je périr!*

EXERCICE. — *Analysez les pronoms sujets, dites la place qu'ils occupent dans la phrase et pourquoi.*

Vous devez vous défier de vos forces. Aimé-je les plantes? j'en cueille sur les grèves. Que ne puis-je caresser mes bons parents! Joinville rapporte ces paroles de saint Louis : Mon fils, dit-il, fais le bonheur de ton peuple. Le courrier arriva, à peine eut-il paru qu'on lui donna de nouveaux ordres. Peut-être aurez-vous de la peine à me croire. Combien ai-je vu succomber de nobles et braves officiers? Combien fait-il de pas l'homme qui veut parvenir? Si vous ne comprenez pas les ordres de votre père, au moins devez-vous les respecter. Votre chagrin si grand soit-il, la religion peut l'adoucir. C'est en vain que vous pensez réussir sans efforts. Vous ne l'avez pas habitué à vous entendre dire la vérité, aussi pour vous croire voulut-il des preuves. Puissé-je un jour revoir ma patrie! Demande-toi le soir, avant de te coucher, le bien que tu auras fait dans la journée. A qui portez-vous ces secours? Eh! que deviendrai-je si vous m'abandonnez? O Dieu, s'écria-t-il, secourez-moi!

---

95. Les *pronoms personnels employés comme régimes* se placent avant le verbe : *Ils m'ont trahi. On l'a trompé.* Excepté lorsqu'ils sont régimes de

verbes à l'impératif: *Promène-toi. Arrachez-moi la vie. Faites-lui grâce. Mets-le en prison.* Cependant, si l'impératif est accompagné d'une négation, le pronom se place avant le verbe : *Ne l'attends pas. Ne vous déshonorez jamais.*

96. Lorsqu'un *verbe à l'impératif a deux pronoms pour régimes*, l'un direct et l'autre indirect, le régime direct doit toujours s'énoncer le premier ; ainsi, dites : *Donnez-le moi. Prêtez-le lui. Cédez-le nous.* Et non pas ; *Donnez-moi le. Prêtez-lui le. Cédez-nous le.*

Cependant, si le régime direct était un des pronoms *le, la, me, te, toi*, et le régime indirect le relatif *y*, il vaudrait mieux prendre un autre tour que de se servir de *m'y, t'y, l'y ;* il faut alors éviter l'emploi de l'impératif.

97. Lorsque l'*impératif a deux régimes indirects*, l'un des pronoms personnels *me, te, lui*, etc. et le relatif *en*, le pronom *en* se place le dernier : *Donnez m'en. Va-t-en. Versez-lui en. Gardez-vous en bien. Tirons-nous en le mieux possible.*

EXERCICE. — *Analysez les régimes directs et indirects, dites la place qu'ils occupent et pourquoi.*

Et puisque Jean Lapin vous demande la vie, donnez-la lui de grâce, ou l'ôtez à tous deux. Vos amis ont-ils des défauts, reprochez-les leur. Vous avez de beaux fruits, envoyez-nous en. On vous promet monts et merveilles : fiez-vous y ; les vents et les voleurs viendront. Ma foi est le seul bien qui me reste, laissez-la moi. Vous avez visité la Louisiane, parlez m'en. Si vous connaissez un homme qui ait pu arriver à trente ans, sans être détrompé, montrez-le moi. Les ouvrages que vous avez fait imprimer sont bons. promettez-nous en quelques exemplaires. Si un enfant peut atteindre un oiseau, laissez-le lui prendre dans sa main. Cette œuvre commence, mettez-vous en. Votre excursion est terminée, racontez-nous en les détails.

Répétition des pronoms personnels.

98. Les pronoms personnels employés comme *sujets* peuvent toujours se répéter avant chaque verbe : *Il travaille et il s'instruit :* mais on les supprime lorsqu'on veut donner plus de rapidité au discours après les conjonctions *et, ni, mais, ou :* *Il travaille et s'instruit. Je l'aime et l'estime.*

La suppression des pronoms personnels sujets peut même avoir lieu à des temps différents : *Je m'en souviens et m'en souviendrai longtemps.* Il faut remarquer qu'après plusieurs sujets de différentes personnes, le pronom personnel sujet du verbe suivant se répète ordinairement : *Ton père et toi, vous êtes mes amis.*

99. Quand on passe d'une *proposition négative* à une *proposition affirmative*, il faut répéter le pronom sujet : *Je ne romps pas et je plie.* Mais si la proposition affirmative est la première, on peut supprimer le pronom : *Je plie et ne romps pas.*

EXERCICE. — *Placez les pronoms sujets.*

Il prit,... quitta,... reprit la cuirasse et la haire. Je ne puis me commander à moi-même et... commande au monde entier. Mon père et moi,... serons heureux de vous voir. Je crains Dieu, cher Abner, et... n'ai point d'autre crainte. L'homme consume sa vie dans de vains projets; ... espère,... travaille, ...s'agite pour le lendemain jusqu'à ce qu'il ne reste plus de lendemain pour lui. Ma mère, mes sœurs et moi... ferons un voyage en Italie, au printemps prochain. Tu aimeras tes ennemis,... béniras ceux qui te maudissent,... feras du bien à ceux qui te persécutent,... prieras pour ceux qui te calomnient. Dieu peut tout... éclaire,... condamne,... aveugle, ...pardonne. Vous, votre mère et vos sœurs,...avez versé tant de larmes que la source en est tarie. Je travaille et... ne m'amuse pas. Tu n'apprends pas la musique, mais... t'appliques au dessin. Il veut et... ne veut pas. J'ai trompé les mortels et... n'ai pu me tromper.

---

100. Les pronoms personnels employés comme *régimes* se répètent toujours avant chaque verbe : *l'enfant bien né honore ses parents*, il les *craint et* les *aime*.

Remarque. — Quand un verbe a pour régime direct un pronom personnel et un nom, il faut répéter le pronom : *Il me verra moi et mon domestique. Il me verra mon père et moi.* Il en est de même lorsque ce sont des régimes indirects : *Cela me*

*parut vrai à moi et à tout le monde. Cela nous
semble la vérité à mes amis et à moi.*

EXERCICE. — *Analysez les pronoms.*

Une personne qui nous flatte et qui nous loue
est sûre de nous être agréable. La fortune nous a
persécutés lui et moi. Son silence l'a fait soupçonner elle et les siens. Il nous salua, mon frère et
moi. Vous nous devez cette somme à nous et à nos
associés. N'insulte jamais la vieillesse : ne te sem-
ble-t-elle pas respectable à toi comme à tout le
monde ? Mon enfant, je voudrais bien vous voir un
peu, vous entendre, vous entourer de caresses. La
prospérité vous aveugle, vous transporte et vous
égare. Quand un homme est innocent, la pensée
qu'on le croit coupable le poursuit, le tourmente et
l'accable. Touché de pitié pour ces êtres infortunés,
cet homme bienfaisant leur donna à eux et à leurs
enfants de quoi faire leur voyage. Heureux celui
qui, craignant de s'égarer avec ses désirs, les re-
tient, les règle et les modère.

---

101. Il faut éviter tout équivoque que pourraient
occasionner les pronoms *il, elle*. On ne dit pas :
*Alexandre est comparable à César dans ce qu'il
a fait de plus beau.* On ne saurait si le pronom *il*
se rapporte à *César* ou à *Alexandre*. Si on veut le
faire rapporter à *César*, il faut dire : *dans ce que
ce dernier a fait de plus beau.* On pourrait également répéter le nom : *Alexandre est comparable
à César dans ce que César a fait de plus beau.*

EXERCICE. —*Corrigez ces phrases.*

Tous les autres écrivains ne sont au-dessous de Moïse, d'Homère, de Platon, de Virgile et d'Horace que parce qu'ils ont écrit naturellement, fortement, délicatement, en un mot parce qu'ils ont exprimé le vrai. Sans vouloir diminuer la gloire de Newton, on doit remarquer qu'il doit beaucoup à Galilée ; il lui a donné la théorie de la pesanteur. Samuel offrit son holocauste à Dieu, et il lui fut si agréable qu'il lança au même instant la foudre contre les Philistins. Hypéride ressemble à Démosthènes en tout ce qu'il a fait de beau. La conversation est un plaisir, mais il doit avoir des bornes. La Fontaine a été aussi loin qu'Esope dans ce qu'il a fait de meilleur.

---

102. Les pronoms *le, la, les* prennent l'accord lorsqu'ils représentent des noms ou des adjectifs employés comme noms ; *Étes-vous la mère de cet enfant? je la suis. Étes-vous les ambassadeurs de la France? Nous les sommes.*

103. Le pronom *le* est invariable quand il signifie *cela*, il représente alors des adjectifs, des participes ou des noms pris adjectivement : *Étes-vous mère? Je le suis. Étes-vous ambassadeurs! Nous le sommes.*

EXERCICE. —*Faites accorder les pronoms.*

Ceux qui sont amis de tout le monde ne l... sont de personne. Il les prend pour des rois. — Vous ne vous trompez pas, ils l... sont, dit saint Louis, sans en avoir le titre. Étes-vous maîtresse de vos actions? Je ne l... suis pas. Êtes-vous les trois Romains qu'on a choisis pour le combat? Nous l... sommes. Bien des choses ne sont impossibles que parce qu'on s'est accoutumé à croire qu'elles l... sont. Êtes-vous les prisonniers qu'on a amenés d'Allemagne? Nous l... sommes. Marie fut-elle troublée à la vue de l'ange? Oui, elle le fut. L'ange lui dit qu'elle serait la mère du Christ et que des prophètes avaient annoncé qu'elle l... serait. La terre, naturellement fertile, l... serait bien davantage si elle était mieux cultivée. Êtes-vous les députés de cet arrondissement? Nous ne l... sommes pas. Êtes-vous la maîtresse de cette maison! Je l... suis. Miracle! criait-on : venez voir dans les rues, passer la reine des tortues. La reine, vraiment oui, je l... suis en effet. Si vous désirez être une élève de la maison, je veux bien que vous l... soyez.

---

104. Les pronoms *lui*, *leur*, *eux*, *à elle*, précédés d'une préposition servent à désigner des personnes : *L'homme inconstant ne ressemble jamais à lui-même.* Les pronoms *en* et *y* servent à désigner des choses inanimées : ainsi l'on dit d'une table : *Je m'en approchai*, et non pas : *Je m'approchai d'elle.*

Cependant *lui*, *leur*, *eux*, *elle* s'emploient souvent pour des choses personnifiées : *Le travail est mon sauveur, je lui dois la vie.* Le pronom *y* peut également s'employer pour les personnes avec certains verbes, comme *songer*, *penser* : *Pensez-vous à moi? Oui, j'y pense.*

105. Le pronom *soi* ne se rapporte ordinairement qu'à un sujet déterminé : *Trop souvent l'on ne vit que pour soi.* Cependant, s'il s'agissait d'éviter une équivoque, on emploierait *soi* avec un sujet déterminé : *Dieu était dans Jésus-Christ réconciliant le monde avec soi. En suivant les avis du maître, l'élève travaille pour soi.*

EXERCICE.—*Distinguer si les pronoms lui, leur, eux, à elle, en, y, soi se rapportent à des personnes ou à des choses.*

Le sage, qui entend une parole sensée, la loue et se l'applique à lui-même. Un malheur toujours traîne un malheur après lui. Le flatteur n'a pas assez bonne opinion de lui ni des autres. Il n'y a pas de gens plus vides que ceux qui sont pleins d'eux-mêmes. Quand une action est infâme en elle-même, on ne doit jamais considérer l'homme, mais l'action. Personne n'est aussi content de son sort que de soi. Quiconque a enfreint les règles cherche à entraîner les faibles avec soi. Le monde est à qui s'en empare. On est toujours indulgent pour soi. Quiconque rapporte tout à soi n'a pas beaucoup d'amis. Comment ne pas penser à la mort quand chaque instant nous en rapproche? Le temps fuit et la perte en est irréparable. On est bien près de recommencer ses fautes quand on n'y songe plus. Tous les jours vont à la mort, le dernier y arrive. Le souvenir de la vertu a cela de bon qu'il y ramène. La vie est un dépôt confié par le ciel, oser en disposer, c'est être criminel. Il faut aimer les plaisirs, il faut en jouir, mais il faut s'en passer aussi.

Des pronoms démonstratifs.

106. Le pronom *ce* doit être répété dans le second membre de la phrase :

1° Si celui-ci commence par le verbe *être* suivi d'un autre verbe : *Ce que je désire de vous, c'est que vous pratiquiez la vertu.*

2° Si le verbe *être* est suivi d'un nom et qu'il se trouve, entre les deux membres de phrase, un rapport de préférence, de choix, de distinction : *Ce que j'aime le plus, c'est la solitude. Ce qui m'afflige le plus, ce sont les malheurs que vous éprouvez.* Cependant l'usage permet de supprimer *ce* dans quelques propositions peu étendues : *Le grand ouvrier de la nature est le temps.* On le supprime toujours si le verbe *être* est suivi d'un adjectif : *Ce que vous demandez est juste.*

EXERCICE. — *Employez ou supprimez le pronom ce.*

Le véritable éloge d'un poète... est qu'on retienne bien ses vers. Le plaisir des bons cœurs... est d'aimer Dieu. La première vertu d'un chrétien... est la charité. Une des plus belles qualités d'un bon roi... est la fermeté. Ce que vous proposez... est nécessaire. Le plus grand des biens... est le repos. Le meilleur remède contre nos propres chagrins

... est de chercher des consolations pour les chagrins des autres. Mon grand secret pour être heureux... est de vivre dans l'innocence. Ce qui m'étonne le plus... est de voir que tout le monde est étonné de sa faiblesse. Punir... est un tourment, pardonner... est un plaisir. Celui qui abuse des dons de Dieu... est criminel. Ce que vous demandez... est raisonnable. Vivre content de peu... est être vraiment riche. La vie... est la pensée. Epargner les plaisirs... est les multiplier. Obliger ceux que l'on aime... est s'obliger soi-même. Le savoir... est le fruit que produit la science. Ce qu'on souffre avec le moins de patience... sont les perfidies, les trahisons, les noirceurs. Le caractère de la vraie religion... est de convenir également au cœur et à l'esprit.

---

107. On emploie *celui-ci*, *celles-ci*, *ceux-ci*, *celles-ci*, *ceci* pour représenter l'objet le plus proche ou celui dont on a parlé en dernier lieu, et *celui-là*, *ceux-là*, *celles-là*, *cela* pour représenter un objet plus éloigné ou dont on a parlé en dernier lieu : *Les deux philosophes Héraclite et Démocrite étaient d'un caractère bien différent ; celui-ci* (Démocrite) *riait toujours, celui-là* (Héraclite) *pleurait sans cesse.* Si ces pronoms n'ont rapport qu'à un seul objet, *celui-ci*, *ceci* s'emploient ordinairement pour indiquer ce que l'on va dire, et *celui-là*, *cela* pour rappeler ce qu'on a dit : *Il n'y a pas aujourd'hui de mot plus magique que celui-ci : l'argent. Vous parlez de gens désintéressés, ceux-là*

sont rares. Je n'aime pas ceci, donnez-moi cela.
L'usage permet souvent d'employer l'un pour l'autre. *Apprenez bien ceci. Cela dit, maître loup s'enfuit et court encore.*

EXERCICE. — *Complétez les pronoms démonstratifs.*

Corneille nous assujettit à ses caractères et à ses idées, Racine se conforme aux nôtres : celui... peint les hommes comme ils devraient être, celui... les peint tels qu'ils sont. Les Phéniciens avec les troupes de l'île de Cypre se retirèrent après avoir fait alliance avec le nouveau roi : celui... rendit tous les prisonniers phéniciens. Après joli temps, triste pluie, après celle... le beau temps. Le corps périt, l'âme est immortelle ; cependant tous les soins sont pour celui.... tandis qu'on néglige celle. . Les plaies que fait la langue sont plus terribles que celles que fait le glaive ; celles... blessent le cœur ; celles... n'attaquent que le corps. Aristide et Thémistocle méritèrent l'affection des Athéniens : celui... par sa probité et ses vertus, celui... par ses talents et son habileté. J'aime cette maxime chinoise : l'âme n'a point de secrets que la conduite ne révèle, ce... est vrai à Paris comme à Pékin. Je suis un peu surpris de tout ce... Il y avait ce... de particulier chez les Romains , qu'ils mêlaient l'intérêt personnel à l'amour qu'ils avaient pour leur patrie.

Pronoms relatifs.

108. Les pronoms relatifs *qui, que, quoi,* etc.

doivent toujours être placés immédiatement après leurs antécédents : *L'espérance qu'il a conçue. Dieu qui nous voit.* On ne peut employer plusieurs pronoms relatifs qui se rapportent à plusieurs antécédents ; ainsi l'on ne dit pas : *J'ai lu avec plaisir cet ouvrage qui a été composé par une personne qui est versée dans les sciences qui ont pour objet l'étude de la nature.* Dites. *J'ai lu avec plaisir cet ouvrage ; il a été composé par une personne versée dans les sciences qui ont pour objet l'étude de la nature.*

EXERCICE. — *Corrigez les phrases suivantes.*

Je réclame un service de votre bonté que vous ne pouvez me refuser. Un roi sage est heureux qui connaît sa faiblesse. Le phénix est un oiseau que l'on dit qui renaît de ses cendres. C'est un procès qu'on a cru qu'on perdrait. C'est une entreprise que je ne peux croire qui réussira. J'ai fait un voyage dans toute la Suisse qui m'a plu beaucoup. Dieu a renversé plus d'une fois les princes du trône, qui ont méprisé la vertu. La sagesse de Turenne entretint cette union entre des soldats et leurs chefs qui rend une armée invincible. On trouve beaucoup de faits dans nos chroniques qui sont hors de toute vraisemblance. Il y a un chapitre dans cet ouvrage qui nous a fait verser bien des larmes. Il y a une foule d'usages dans nos provinces qui sont ridicules. La tête de l'homme sans caractère est comme la girouette placée au haut d'une maison, qui tourne au premier vent.

109. Le pronom *qui* précédé d'une préposition, ne se dit que des personnes ou des choses personnifiées ; on le remplace par *lequel, laquelle quoi, dont* dans les autres cas : *Le bonheur appartient à qui fait des heureux. La science à laquelle je m'applique.* Il faut éviter de répéter la préposition devant les relatifs *qui, que.* Ainsi l'on dira : *C'est à vous que je veux parler* et non pas *à qui je veux parler. C'est en Dieu qu'il faut mettre notre confiance,* et non pas en *qui. Quoi* ne se dit que des choses.

---

110. *D'où* sert à exprimer une idée de localité et *dont* une idée de relation, d'origine. *Voilà le bosquet d'où je sors. L'enfant dont je parle. Les rois dont il est descendu. La famille dont il est sorti.*

EXERCICE. — *Jugez les phrases suivantes.*

O rochers escarpés, c'est à vous à qui je me plains, car ce n'est qu'à vous à qui je puisse me plaindre. Un livre curieux serait celui où on ne trouverait pas de mensonge. La maison dont je sors vient de s'écrouler. Nous sommes très-contents de la manière naturelle avec laquelle vous écrivez. L'esprit retourne au ciel d'où il est descendu. Moka est une ville d'Arabie, dont on tire le café de ce nom. L'amour-propre n'est pas un guide à qui nous puissions nous confier. Notre vie est un pèlerinage à quoi nous condamne le sort. Il n'y a point d'accidents si malheureux d'où les habiles gens ne tirent quelque avantage. La jeune personne la plus heureuse est celle de qui on parle le moins. Henri IV regardait la bonne éducation comme une chose d'où dépend la félicité des peuples. L'ignorance d'une fille est cause qu'elle s'ennuie et qu'elle ne sait comment s'occuper. Que sert de vivre longuement si l'on ne vit sagement. Donnez aux pauvres la nourriture qu'ils manquent.

Pronoms indéfinis.

111. Les pronoms *on* et *quiconque*, toujours sujets d'un verbe, sont ordinairement du masculin. Cependant l'adjectif qui les suit se met au féminin singulier, quand ces pronoms se rapportent d'une manière bien précise à une femme : *Mesdames, quiconque de vous sera assez hardie pour médire de moi, je l'en ferai souvenir. On peut être légère, étourdie, inconséquente et avoir un bon cœur.* L'adjectif peut aussi se mettre au pluriel lorsqu'on parle évidemment de plusieurs personnes : *Mesdemoiselles, on ne peut être plus pieuses que vous.*

112. En général, on doit préférer *on* a *l'on* au commencement d'une phrase : *On écoute trop souvent la calomnie. L'on* s'emploie au lieu de *on* après *et, si, ou* pour rendre la prononciation plus douce : ainsi l'on dira : *Si l'on veut* pour *si on veut* ; mais on doit dire : *Si on le voit, si on la trouve* au lieu de : *Si l'on le voit, si l'on la trouve.*

Il faut éviter de donner lieu à une équivoque en répétant le pronom *on* : *Quand on se conduit bien on nous estime et on nous récompense. On* ne se rapporte pas ici à la même personne. Il est plus grammatical de dire : *Quand on se conduit bien on est estimé et récompensé.*

EXERCICE. — *Analysez on et quiconque, placez on et l'on et corrigez les équivoques.*

On manque doublement, quand on connaît sa faute. Ne divulguez jamais ce qu'on vous confie. Si on est curieux de savoir ce que vaut l'argent, il faut en emprunter. Partout où on trouve une douleur, on rencontre un prêtre chrétien. On est heureux quand on fait son devoir. Si on savait borner ses désirs, on s'épargnerait bien des peines. Les hommes vont tous ensemble dans un abîme, où on ne reconnaît plus les rangs qui les distinguaient. Quelque attachés qu'on soit les uns aux autres, on est bientôt ennemis quand on est divisés par l'intérêt. Le café est très en usage à Paris, il y a un grand nombre de maisons où on le distribue. Les pays véritablement libres sont ceux où on est égaux devant la loi. On secourt plus volontiers les malheureux quand on l'a été soi-même. Présentez vos titres et on y fera droit. Montrez aux jeunes filles de votre âge qu'on peut être à la fois pieuse et instruite. N'est-ce pas, Mesdemoiselles, qu'on est fière et heureuse quand on s'entend louer devant sa famille? Quiconque d'entre vous, mes filles, dévoilera ce secret en sera sévèrement punie. On a proposé sur cette matière un problème qu'on résout sans peine.

Quand on sent qu'on réussit, on en prend plus d'assurance.

---

113. *Chacun* prend *son, sa, ses* quand il suit le régime direct du verbe ou que le verbe n'a pas de régime de cette nature : *Les deux rois faisaient chanter des Te Deum chacun dans son camp. Les deux soldats se sont retirés chacun dans sa tente. Ils ont apporté leur offrande, chacun selon ses moyens.*

Chacun prend *leur, leurs* lorsqu'il précède le régime direct : *Les langues ont chacune leurs bizarreries. Ils ont apporté chacun leurs offrandes.*

114. *L'un et l'autre, les uns et les autres* expriment simplement une idée de pluralité, tandis que *l'un l'autre, les uns les autres* ajoutent à l'idée de pluralité celle de réciprocité. Ainsi l'on dira de Racine et de Boileau : *L'un et l'autre furent de grands poètes, ils s'estimaient l'un l'autre.*

EXERCICE. — *Faites suivre* chacun *des adjectifs qu'il exige et placez selon le sens* l'un l'autre *ou* l'un et l'autre.

Ils ont employé ces ressources chacun à ... fantaisie. Les juges ont opiné chacun selon ... lumières. Les hommes ayant chacun ... défauts doivent être indulgents pour les autres. La conversation doit être comme les jeux où l'on jette sa carte chacun à ... tour. César et Pompée avaient chacun ... mérite ; mais c'étaient des mérites différents. Les génies du siècle de Louis XIV ont contribué à la gloire de la

France chacun par ... ouvrages immortels. Ils professent chacun ... religion avec une égale liberté. L'Enéide de Virgile et l'Art poétique d'Horace sont des ouvrages parfaits chacun dans ... genre. Newton et Galilée ont contribué infiniment l'un... l'autre aux progrès des sciences physiques. Aidons-nous l'un ... l'autre à porter nos malheurs. Les hommes sont faits pour se secourir l... uns ... autres. La poésie ne doit ses avantages sur la peinture qu'aux harmonies des objets, l'un... l'autre se servent des mêmes lois. Virgile et Horace s'aimèrent l'un ... l'autre. Chacun applique à ... voisin ses propres ridicules, et tous les hommes rient aux dépends l... uns ... autres.

QUESTIONNAIRE. — 94. *Où se placent les pronoms personnels employés comme sujets ?* — 95. *Où se placent les pronoms personnels employés comme régimes ?* — 96. *Lorsqu'un verbe à l'impératif a deux pronoms pour régimes, dans quel ordre se placent ces pronoms ?* — 97. *Qu'y a-t-il à remarquer lorsqu'un verbe à l'impératif a deux régimes indirects ?* — 98. *Les pronoms personnels employés comme sujets doivent-ils se répéter avant chaque verbe ?* — 99. *Faut-il répéter les pronoms sujets en passant d'une proposition négative à une proposition affirmative ?* — 100. *Les pronoms personnels employés comme régimes se répètent-t-ils avant chaque verbe ?* — 101. *L'emploi des pronoms personnels il, elle, ne peut-il pas donner lieu à quelque équivoque ?* — 102. *Dans quel cas le, la, les, prennent-ils l'accord ?* — 103. *Dans quel cas emploie-t-on le invariable ?* — 104. *Emploie-t-on indistinctement* lui, leur, eux, *à*

elles, *et les pronoms* en, y ? — 105. *Quel est l'emploi
du pronom* soi ? — 106. *Quand répète-t-on* ce *dans le
second membre de la phrase ?* — 107. *Comment s'emploient les pronoms* celui-ci, celle-ci, ceux-ci, celles-ci,
ceci, *et* celui-là, celle-là, ceux-là, celles-là, cela ? —
108. *Les pronoms relatifs* qui, que, *etc., doivent-ils toujours être placés après leur antécédent ?* — 109. *Quand
emploie-t-on* qui *avec une préposition ?* — 110. *Quelle
distinction faut-il faire entre* d'où *et* dont ? — 111. *Les
pronoms* on *et* quiconque *sont-ils toujours du masculin ?*
— 112. *Quand faut-il préférer* on *à* l'on ? — 113. *Dans
quel cas* chacun *est-il suivi de* son, sa, ses ? —
114. *Quelle différence y a-t-il entre les expressions*
l'un et l'autre *et* l'un l'autre ?

CHAPITRE VI.

Du Verbe.

115. Le verbe à *un mode personnel* s'accorde
toujours avec son sujet, exprimé ou sous-entendu,
quelle que soit la place qu'il occupe : *Là fleurit la
rose, ici bourdonnent les abeilles et jaunissent les
gazons.*

116. Lorsque le verbe a *plusieurs sujets*, singuliers ou pluriels, *liés par et*, le verbe se met au pluriel : *L'hirondelle et le rossignol annoncent le retour
des beaux jours. Les menaces et les supplices ne
purent abattre la fermeté d'Eléazar.*

117. Si les sujets sont de *différentes personnes,* on met le verbe à la personne qui a la priorité. La première a la priorité sur la seconde ; la seconde, sur la troisième : *Vous et moi, nous irons nous promener.*

EXERCICE. — *Faites accorder les verbes avec leurs sujets.*

La religion veiller (*indicatif présent*) sur les crimes secrets, les lois veiller (*ind. prés.*) sur les crimes publics. Par ces portes sortir (*imparf. de l'ind.*) les fières légions. La gloire et l'opulence ne donner (*ind. prés.*) pas le bonheur. La politesse et l'affabilité se concilier (*ind. prés.*) tous les cœurs. Le travail et l'ennui ne passer (*ind. prés.*) jamais par la même porte. L'esprit de causticité et l'usage fréquent des finesses pouvoir (*ind. prés.*) aller de pair et supposer (*ind. prés.*) une égale médiocrité de génie. Cyrus, Alexandre et César mériter (*passé indéf.*) l'estime de tous les siècles. Toi et ton père prendre (*pas. ind.*) un beau parti. Vous et lui approuver (*futur pas.*) de tout le monde. Tous nos amis périr (*pas. déf.*) sous nos yeux ; votre frère et moi échapper (*pas. déf.*) seuls par miracle. Les Sarrasins jurer (*pas. ind.*) que jamais ton vieux maître ni toi ne dormir (*futur prés.*) en paix. La jeunesse et l'inexpérience nous exposer (*ind. prés.*) à bien des fautes, et par conséquent à bien des peines. Athéniens, ne être (*impératif*) pas surpris que Démosthènes et moi ne être (*subj. prés.*) pas du même avis. La petitesse de l'esprit, l'ignorance et la présomption faire (*ind. prés.*) l'opiniâtreté. La raison supporter (*ind. prés.*) les disgrâces, le courage les combattre (*ind. prés.*), la patience et la religion les surmonter (*ind. prés.*) L'ambition, la haine, l'avarice, tenir (*ind. prés.*), comme un forçat, notre esprit à la chaîne. Quels être (*imparf. de l'ind.*) votre état, votre rang, votre père? Toujours sonner (*ind. prés.*) l'heure du remords pour celui qui faire (*ind. prés.*) le mal. Pénélope, sa femme, et moi qui être (*ind. prés.*) son fils, nous perdre (*pas. ind.*) l'espérance de le revoir.

---

118. Un verbe qui a *plusieurs sujets* ne s'accorde qu'avec le dernier :

1° Quand les sujets sont *synonymes : Sa clémence, sa bonté ne se dément jamais.* (Les noms synonymes ne doivent pas être liés par la conjonction *et.*

2° Lorsque les sujets sont placés par *gradation : Ne reculez pas devant ce sacrifice, votre intérêt, votre honneur, Dieu vous le commande.*

3° Lorsque les sujets sont *résumés* par une des expressions : *personne, nul, rien, tout, chacun, aucun : Vous n'êtes point à vous, le temps, les biens, la vie, rien ne vous appartient, tout est à la patrie. Ni grands, ni riches, ni petits, nul enfin ne peut se soustraire à la mort.*

EXERCICE. — *Expliquez pourquoi ces verbes restent au singulier.*

La douceur, la bonté du grand Henri a été célébrée de mille manières. Dans tous les âges de la vie, l'amour du travail, le goût de l'étude est un bien. Un seul mot, un soupir, un coup-d'œil nous trahit. Un regard, un vain signe, un bruit léger me glace. Dignités, honneurs, richesses, tout s'évanouit à la mort; la vertu seule reste. Ses menaces, sa voix, un ordre m'a troublé. Mon arc, mes javelots, mon char, tout m'importune. Les rivages, les rochers, les montagnes, les bois, tout était revêtu d'une pompe à la fois magnifique et sauvage. La cour, la table, l'escalier, les vestibules, les chambres, tout est volière. La gloire et la prospérité des méchants est courte. La lecture, la musique, les visites, les jeux, les promenades et même les voyages, rien ne peut la sortir de sa mélancolie. La trahison, le meurtre est le sceau du mensonge. Notre vie est si fragile que le moindre choc, un souffle peut la briser. Il ne faut aux princes aucun effort pour se concilier les cœurs, une seule parole, un sourire gracieux, un seul regard suffit. La vanité est si ancrée dans le cœur de l'homme, qu'un goujat, un marmiton, un crocheteur se vante et veut avoir ses admirateurs. L'homme de bien est trop confiant; sa candeur, son innocence le rend dupe des méchants. La douceur, l'affabilité est le caractère de la véritable grandeur. L'indécision, l'incertitude conduit toujours aux préjugés, à la méprise. Crimes, forfaits, rien n'arrête l'ambitieux.

---

119. Quand un verbe a *deux sujets singuliers unis par ni* ou *par ou*, le verbe se met au *pluriel*, toutes les fois qu'il est possible que les deux sujets fassent ensemble l'action marquée par le verbe, et que le sens n'indique pas évidemment qu'on ne veut attribuer cette action qu'à l'un des deux sujets; dans ce cas, on peut tourner *ni et* ou par *et* : *L'intérêt ou l'orgueil dirigent l'homme dans ses actions. Ni l'or ni la grandeur ne nous rendent heureux.*

Le verbe se met au *singulier* toutes les fois qu'il est impossible que les deux sujets fassent ensemble l'action marquée par le verbe, ou bien toutes les fois que le sens indique évidemment qu'on ne veut attribuer l'action qu'à l'un des deux sujets : *M. le Comte ou M. le Duc sera ambassadeur à Vienne. Ni l'un ni l'autre n'obtiendra le prix.*

120. Après les mots *l'un et l'autre, ni l'un ni l'autre*, etc., on met le verbe au pluriel : *L'un et l'autre furent admirés. Ni l'un ni l'autre ne sont bons.* Cependant quand un des mots liés par *ni* peut seul faire l'action exprimée par le verbe, celui-ci se met au singulier : *Ni l'un ni l'autre ne sera porte-drapeau.*

EXERCICE. — *Faites accorder ces verbes avec les mots auxquels ils se rapportent.*

Ni mon frère ni le vôtre ne nommer (*futur pas.*) à cette place. Le soleil ni la mort ne se pouvoir (*ind. prés.*) regarder en face. Ni l'amour ni la haine ne nous suivre (*ind. prés.*) dans le tombeau. L'âge ni l'expérience ne rendre (*ind. prés.*) l'homme si parfait, qu'il ne lui reste plus rien à apprendre. Ni l'homme, ni aucun animal ne pouvoir (*pas indéf.*) se faire soi-même. Au temps des persécutions, ni le sexe, ni l'âge ne pouvoir (*imparf. de l'ind.*) fléchir les tyrans. Ni la raison ni le temps ne pouvoir (*ind. prés.*) faire tarir ses pleurs. Nous sommes si peu faits pour être heureux ici-bas, qu'il faut nécessairement que l'âme ou le corps souffrir (*ind. prés.*), quand ils ne souffrent pas tous deux. Il n'y a rien que la crainte ou l'espérance ne persuader (*subj. prés.*) aux hommes. Le bonheur ou la témérité pouvoir (*pas. ind.*) faire des héros, mais la vertu toute seule peut former des grands hommes. Le bien ou le mal se moissonner (*ind. prés.*) suivant qu'on sème ou le bien ou le mal. Le temps ou la mort être (*ind. prés.*) nos remèdes. La Fontaine fut oublié ainsi que Corneille; ni l'un ni l'autre n'être (*imparf. de l'ind.*) courtisans. Virgile et Horace eurent les bonnes grâces d'Auguste ; l'un et l'autre en être (*imparf. de l'ind.*) dignes. Ni l'un ni l'autre des deux frères pouvoir (*ind. prés.*) intéresser. On peut mettre Molière en parallèle avec Racine; l'un et l'autre connaître (*pas. indéf.*) le cœur de l'homme.

---

121. Lorsque plusieurs sujets sont liés par les expressions *comme, ainsi que, avec, de même que, aussi bien que*, le verbe se met au singulier : *L'homme, comme tous les animaux, est sujet à la mort*. Dans ce cas, le verbe s'accorde avec le premier nom, et le second nom est le sujet d'un verbe sous-entendu : *L'homme est sujet à la mort, comme tous les animaux sont sujets à la mort.* Cependant, si les conjonctions *avec, de même que, ainsi que*, au lieu d'exprimer la comparaison, marquent l'union, l'addition, on doit mettre le verbe au plu-

riel : *Vertumne avec Pomone ont embelli ces lieux.*

122. Lorsque le sujet d'un verbe est formé de *plusieurs infinitifs* liés par *et*, on met généralement le verbe au pluriel. Cependant l'on emploie aussi le singulier, suivant le sens que présente la pensée : *Lire trop et lire trop peu sont deux défauts. Chasser, pêcher, faire de la musique, monter à cheval, constituent, font, composent tous leurs exercices. Se taire et souffrir en silence est souvent le parti que dicte la prudence.*

EXERCICE. — *Écrivez ces verbes au singulier ou au pluriel.*

Le prodigue comme l'avare abuser (*ind. prés.*) de ses biens et en faire (*ind. prés.*) de vrais maux. La vérité comme la lumière être (*ind. prés.*) inaltérable, immortelle. L'histoire ainsi que la physique ne commencer (*pas. indéf.*) à se débrouiller que vers la fin du XVIe siècle. Les philosophes quelquefois ainsi que l'écrevisse marcher (*ind. prés.*) à reculons. La vérité ainsi que la reconnaissance m'obliger (*ind. prés.*) à publier vos bienfaits. Le singe avec le léopard gagner (*imparf. de l'ind.*) de l'argent à la foire. La vertu de même que le savoir avoir (*ind. prés.*) son prix. L'envie de même que toutes les autres passions être (*ind. présent*) peu compatible avec le bonheur. Le juste aussi bien que le sage, du crime et du malheur savoir (*ind. prés.*) tirer avantage. La vie humaine ainsi que les plus belles fleurs ne durer (*ind. prés.*) qu'un moment.

Etre juste ou être vertueux ne être (*ind. prés.*) qu'une même chose. Bien écouter et bien répondre être (*ind. prés.*) un des plus grands talents qu'on puisse avoir dans la conversation. Voir les choses ce qu'elles sont, les estimer ce qu'elles valent donner (*ind. prés.*) sinon le bonheur du moins le repos. Bien dire et bien penser ne être (*ind. prés.*) rien sans bien faire. Venir, voir et vaincre être (*pas. déf.*) la même chose pour lui. Manger, boire et dormir être (*ind. prés.*) leur unique occupation.

123. Tout verbe qui a pour sujet un *collectif gé-néral* précédé de l'article se met au singulier : *Le nombre des malheureux est immense. La totalité des hommes redoute la mort.*

124. Quand le verbe a pour sujet un *collectif par-titif*, tels que *la plupart, une infinité, une sorte, un nombre, une nuée, une foule*, etc., ou un adverbe exprimant la quantité, comme *assez, beaucoup, peu, moins, plus, trop*, etc., il s'accorde non avec le sujet, mais avec le nom qui suit le collectif ou l'adverbe. *La plupart des hommes voudraient jouir à la fois du passé et de l'avenir. Beaucoup d'Irlandais ont con-servé leur religion. Une infinité de monde accourut.*

Si le nom qui suit le collectif ou l'adverbe était sous-entendu, le verbe se mettrait également au plu-riel : *La plupart sont sujets à l'erreur.*

125. Lorsqu'un *collectif partitif suivi d'un nom pluriel* est sujet d'une proposition, le verbe s'ac-corde avec celui de ces deux noms qui frappe le plus l'attention : *Une nuée de Barbares désolèrent le pays*; ici l'idée exprimée par le verbe *désolèrent* se

rattache aux barbares. Mais dans cette phrase : *Une nuée de traits obscurcit l'air*, l'idée d'obscurcir se rattache à *nuée* sujet de la proposition, par conséquent le verbe reste au singulier.

126. Après quelques *noms collectifs employés sans adjectif déterminatif* et faisant la fonction d'adverbe, le verbe se met toujours au pluriel. *Force gens arrivèrent. Quantité de personnes se présentèrent.*

EXERCICE.—*Faites accorder les verbes avec les collectifs.*

L'armée des ennemis ne pouvoir (*imparf. de l'ind.*) plus résister, elle allait être taillée en pièces. On voit quelquefois dans l'Egypte une nuée de sauterelles qui désoler (*ind. prés.*) le pays. On cite des femmes spartiates une foule de mots qui annoncer (*ind. prés.*) le courage et l'énergie. La plupart des hommes oublier (*ind. prés.*) bien plus vite les services qu'ils reçoivent que ceux qu'ils rendent. La foule des Indiens regarder (*imparf. de l'ind.*) étonnée le cheval et le cavalier qui semblaient ne former qu'un seul corps. Une troupe de montagnards écraser (*pas. déf.*) nos plus vaillants guerriers. L'infinité des perfections de Dieu m'accabler (*ind. prés.*) Au Brésil et dans le Pérou la quantité de fourmi être (*ind. prés.*) si grande qu'elle détruit tous les grains que l'on confie à la terre. La plupart des hommes employer (*ind. prés.*) la moitié de leur vie à rendre l'autre misérable. L'immensité des eaux qui environner (*ind. prés.*) ce globe a quelque chose d'incompréhensible. Une troupe de singes se présenter (*pas. déf.*) à Alexandre comme pour lui livrer bataille. Une infinité de sources descendre (*ind. prés.*) des montagnes de l'Amérique et forment le plus grand fleuve de la terre. La moitié des humains vivre (*ind. prés.*) aux dépens de l'autre. Quantité d'hommes admirer (*ind. prés.*) les merveilles de la nature, mais peu s'arrêter (*ind. prés.*) à en pénétrer les secrets. Une infinité d'étoiles être (*ind. prés.*) invisibles. Trop de précautions, trop de soins, trop d'attentions nuire (*ind. prés.*) quelquefois à la vie. Peu d'hommes dans les conseils des rois s'occuper (*ind. prés.*) du bonheur des peuples. Combien de gens s'imaginer (*ind. prés.*) avoir de l'expérience par cela seul qu'ils vieillir (*pas. ind.*) Dieu sait que de livres, de discours et d'éloges être (*pas. ind.*) faits sur les plantes. Beaucoup de modestie et beaucoup de bonté se réunir (*ind. prés.*) en cette personne. Beaucoup de choses être (*ind. prés.*) utiles, peu être (*ind. prés.* nécessaires.

---

127. Le verbe *être, précédé du pronom ce*, prend le pluriel quand il est suivi d'un nom ou d'un pronom pluriel de la troisième personne, excepté *eux, elles*, devant lesquels l'usage actuel permet de mettre indifféremment le verbe être au singulier ou au pluriel : *Ce sont vos conseils que je demande. Ce ne sont pas ceux qui nous flattent qui nous aiment le plus. Ce sont eux qui ont bâti ce superbe labyrinthe. C'est eux que l'on demande.*

Cependant on doit mettre le verbe *être* au singulier quand par inversion *ce* et *être* sont suivis d'une préposition et d'un nom pluriel : *C'est des Américains ou des Français que nous vient l'invention des chemins de fer. C'est des contraires que résulte l'harmonie du monde.*

128. Le verbe *être précédé du pronom ce* doit se mettre au singulier devant un nom ou un pronom singulier, ainsi que devant les pronoms *nous* et *vous : C'est la gloire qu'il recherche en tout. C'est nous qui avons remporté la victoire. C'est vous, braves soldats, qui avez sauvé le pays.*

Si le verbe *être* joint au pronom *ce*, est suivi de plusieurs noms singuliers, le verbe se met au singulier. *C'est l'avarice et l'ambition qui troublent le monde. C'est la pluie et la chaleur qui fécondent la terre.* A moins que l'on réponde à une question ou que l'on fasse une énumération : *Quelles sont les vertus théologales? Ce sont la Foi, l'Espérance et la Charité. Plusieurs généraux ont illustré le règne de Louis XIV ; ce sont Turenne, Condé, Catinat, Vendôme, Villars,* etc.

EXERCICE. — *Ecrivez le verbe-être au singulier ou au pluriel.*

Ce ne être (*imparf. de l'ind.*) pas lui, ce être (*imparf. de l'ind.*) ses malheureux frères qui étaient à plaindre. Ils demandèrent avec calme si ce être (*imparf. de l'ind.*) la paix ou la guerre qu'on leur apportait. J'ai peine à croire que ce être (*subj. prés.*) les Phéniciens qui aient inventé l'écriture alphabétique, quand je vois qu'elle était connue en Egypte longtemps avant Agénor et Cadmus. Que ce être (*subj. prés.*) vous ou moi qui obtenions cette faveur, peu importe. Ce ne être (*imparf. de l'ind.*) ni leur crédit ni leur adresse que nous redoutions, ce être (*imparf. de l'ind*). leurs ruses et leurs perfidies. L'aliment de l'âme, ce être (*ind. prés.*) la justice et la vérité. Ce être (*imparf. de l'ind.*) les récompenses terrestres que cherchait le peuple de Dieu dans l'observation de sa loi. Vieillir, être malade et mourir, ce être (*ind. prés.*) les plus grands maux de la vie. Nous croyons que tout change quand ce être (*ind. prés.*) nous qui changeons. Les chevaux de Hollande sont fort bons pour le carrosse, et ce être (*ind. prés.*) ceux dont on se sert le plus communément en France. Ce être (*ind. prés.*) des récoltes que dépend la subsistance de l'homme. Les trois choses les plus difficiles et en même temps les plus rares, ce être (*ind. prés.*) taire un secret, obliger un ennemi et se connaître soi-même. Le temps passe, disons-nous, nous nous trompons, le temps reste, ce être (*ind. prés.*) nous qui passons. Faire aimer la vertu et haïr le vice, ce être (*ind. prés.*) le principal but qu'on doit se proposer dans l'éducation des enfants. Ce qui nous donnera de l'assurance à la mort, ce être (*futur prés.*) la bonne vie. Ce être (*imp. de l'ind.*) de toi qu'alors il s'agissait. Ce être (*ind. prés.*) d'eux que j'attends tout ; ils sont plus forts que moi. Ce être (*ind. prés.*) par de faux bruits qu'on sème l'alarme parmi le peuple. Quels sont les quatre points cardinaux ? ce être (*ind. prés.*) le levant, le couchant, le nord et le midi. Quand Louis XIV donnait des fêtes, ce être (*imparf. de l'ind.*) les Corneille, les Molière, les Quinault, les Lulli, les Lebrun qui s'en mêlaient. Il appelle à lui quatre courriers qu'il destine aux messages, ce être (*ind. prés.*) : l'âne, le chien, le corbeau et le pigeon. J'ai rencontré votre ami, ce être (*ind. prés.*) lui qui m'a donné de vos nouvelles. Ce être (*ind. prés.*) ceux qui font des heureux qui font de vrais conquérants.

---

129. Le verbe être reste toujours au singulier, qu'il soit ou non suivi d'un pluriel dans les expressions *qu'est-ce que, si ce n'est* signifiant *excepté, c'est à* dans le sens de *il appartient à* : *Qu'est-ce que nos principes? Qui nous aidera, si ce n'est vos avis? C'est aux vieillards qu'appartiennent la sagesse et l'expérience.* Mais on dirait : *Pourquoi vous effrayer? ce ne sont pas des ennemis qui vous poursuivent.*

130. On dit *c'est huit heures qui sonnent*, mais on dirait très-bien : *Ce sont quatre heures qui m'ont paru longues. Quatre heures sont-elles sonnées?*

131. *Fût-ce, sera-ce* ne se mettent jamais au pluriel : *N'épargnez personne, fût-ce vos meilleurs amis. Sera-ce nos contemporains qui nous jugeront?*

EXERCICE. — *Écrivez le verbe être au singulier ou au pluriel.*

Pendant sa longue maladie, il n'a voulu souffrir personne auprès de lui, si ce n... ses deux enfants. ... ce de nouveaux barbares qui domineront un jour sur cette terre.... ce toujours des reproches que je serai forcé de vous adresser. Il n'y aura que trop d'intérêts qui diviseront les hommes dans la même société ; ne ... ce que ceux de la fortune. Quelle heure ... ce qui sonne ? — C.. dix heures. — Eh quoi ! voilà déjà cinq heures que je suis ici? — Tout autant. — C... cinq heures qui ont passé bien rapidement. Qu... ce que le corps de l'homme si ce n... du fumier et de la boue ? Qu... ce que c... que ces petits boutons comme des têtes d'épingles qui sont au milieu de la marguerite ? c... des fleurons. Qu... ce que les conquêtes d'Alexandre en comparaison de Gengis-Kan ? Qu... ce que la vie et ses prospérités aux yeux de l'homme occupé de son éternel avenir ? Si ce n... pas vos talents qui vous font des amis, c... vos bonnes qualités. C... aux édiles à donner des jeux publics. Supposez que la première colonne vous donne quatre-vingt-un ; vous posez un et c... huit que vous retenez ... ce Dieu, ... ce les hommes, dont les vertus vont éclater. C... aux enfants à prévenir leurs parents.

---

132. Lorsque deux verbes n'admettent pas après eux le même régime, c'est-à-dire que l'un demande un régime direct et l'autre un régime indirect, il faut donner à chacun d'eux le régime qui lui convient. On ne peut dire : *Cet officier attaqua et s'empara de la ville*, mais *cet officier attaqua la ville et s'en empara*, parce que les verbes *attaquer* et *s'emparer* veulent un régime différent; mais on dirait : *Cet officier attaqua et prit la ville* parce

que *attaquer* et *prendre* peuvent avoir tous les deux un régime direct.

REMARQUE. — Cette règle s'applique aux adjectifs et aux prépositions : *C'est un bonheur d'être utile et cher à sa patrie. Il parle tout à la fois pour et contre le projet.*

133. *Deux verbes peuvent avoir le même régime indirect* lorsqu'ils exigent la même préposition : *Il faut chaque jour s'exciter et s'appliquer à devenir meilleur.* Ce serait donc une faute de dire : *Un grand nombre de vaisseaux entrent et sortent de ce port*, parce que *entrer* veut *dans* et *sortir* veut *de*; il faudrait : *Un grand nombre de vaisseaux entrent dans ce port et en sortent.*

134. Lorsqu'un verbe a un régime direct et un régime indirect, le plus *court* se place ordinairement le premier : *Donnons à l'étude les loisirs que nous laissent les affaires.* Si les régimes sont d'égales longueurs, il vaut mieux placer le régime *direct* le premier : *Ne sacrifiez pas un présent certain à un avenir douteux.* Il peut y avoir cependant nécessité pour le sens de placer le régime indirect après le verbe : *Le physicien arrache à la nature tous ses secrets.*

EXERCICE. — *Corrigez ces phrases.*

On s'accoutume et l'on se dégoûte de tout. Le roi de France avait su connaître et se servir de ses avantages. Dieu préside et règle le mouvement des astres. La force fonde, étonne et triomphe dans un empire. Celui qui fait à tout le monde du mal met contre soi tout le monde. Le malheur ajoute à la gloire des grands hommes un nouveau lustre. Tout le monde adore et se plaint de la fortune. Il faut contracter l'habitude du raisonnement par l'exercice. J'aime et je suis aimée de mes maîtresses. Il y a beaucoup de mérite à sentir et à faire l'aveu de ses torts. Au moyen du chemin de fer, on peut aller et venir de Versailles en une heure. Il peut entrer et sortir du port plusieurs navires en même temps. Les Anglais font un très-grand cas de Shakspeare ; ils ont voulu non seulement l'opposer, mais le mettre au-dessus de Corneille. Eloignez de votre bouche le déguisement et de vos lèvres, l'artifice. Les oiseaux célèbrent le lever et le coucher du soleil par leurs chants.

---

135. Lorsqu'un verbe est suivi de *plusieurs régimes unis par et, ni, ou*, ces régimes doivent être de la même nature, c'est-à-dire que les conjonctions *et, ni, ou*, ne doivent unir qu'un nom à un nom, un verbe à un verbe, une proposition à une proposition. Il faut dire : *Cet enfant aime le jeu et l'étude*, et non : *Il aime le jeu et à étudier.*

136. On emploie ordinairement *de* quand le verbe et le participe expriment une passion, un sentiment, une action à laquelle le corps n'a point de part : *Il est aimé, estimé, méprisé, haï de tout le monde.* On emploie généralement *par* quand le verbe et le participe expriment une action du corps, ou à laquelle le corps et l'âme ont part : *Abel fut tué par son frère.*

EXERCICE. — *Corrigez ces phrases et placez les prépositions de et par.*

Saint Louis aimait la justice et le chant des louanges du Seigneur. Les Athéniens passaient leur temps à écouter leurs orateurs et dans les jeux, les courses, les spectacles. Nous sommes moins offensés ... être méprisés des sots que ... avoir l'estime des gens d'esprit. Il n'aime ni la conversation, ni à jouer, ni à se promener. J'espère que je terminerai bientôt mon travail et pouvoir partir pour les Pyrénées. Tôt ou tard on regrette la perte ... son temps et ... n'avoir pas profité ... tous les instants de sa jeunesse. Les caractères les plus doux, lorsqu'ils sont persécutés ... l'injustice deviennent souvent les plus intraitables. Les Gaules furent conquises ... Jules César. Dieu et les rois sont mal servis ... les ignorants. On n'est méprisé ... les autres que lorsqu'on a commencé à se mépriser soi-même. Les méchants sont détestés ... tout le monde. Il est doux ... être aimé ... personnes qui nous entourent.

Emploi des auxiliaires.

137. La plupart des verbes *neutres* prennent l'auxiliaire *avoir* dans leurs temps composés : *J'ai marché, tu as dormi ; il a succédé.* Quelques-uns prennent toujours l'auxiliaire *être.* ce sont : *aller, arriver, décéder, mourir, naître, venir, devenir,* *parvenir*, *revenir* et *entrer* : *Je suis allée, elle est arrivée.*

138. Les verbes qui prennent *tantôt l'auxiliaire avoir* et *tantôt l'auxiliaire être*, selon le sens qu'on veut exprimer, sont :   -

Aborder.	Sonner.	Descendre.
Accourir.	Empirer.	Périr.
Augmenter.	Demeurer.	Tomber.
Monter.	Croître.	Apparaître.
Rester.	Décroître.	Comparaître.
Dégénérer.	Déchoir.	Diminuer.
Convenir.	Passer.	Expirer.
Camper.	Sortir.	Grandir.
Cesser.	Rester.	Rajeunir.
Changer.	Disparaître.	Vieillir.
Partir.	Echoir.	Résulter.

Ces verbes prennent *avoir* lorsqu'on a principalement en vue l'action du verbe ; ils prennent *être* lorsqu'on veut exprimer l'*état*, c'est-à-dire le résultat de l'action : *Mercredi, nous avons abordé à Toulon. Nous sommes abordés. Ces beaux jours ont passé rapidement. Ces beaux jours sont passés.*

Plusieurs de ces verbes s'emploient quelquefois activement, c'est-à-dire avec un régime direct ; dans ce cas, ils prennent, comme les verbes actifs, l'auxiliaire avoir : *On a descendu du vin à la cave. Il monte l'escalier. Vous avez passé la nuit sans dormir.*

EXERCICE.—*Les élèves placeront les auxiliaires.*

On ... toujours assez véc... quand on ... bien véc... La foi du centenier, la foi du charbonnier ... pass... en proverbe. La procession ... pass...

sous mes fenêtres. A cette menace, cette personne ... chang... de visage. Cet homme ... chang... à ne pas le reconnaître. Les vents ... chang... tout d'un coup. Cette personne ... chang... à son avantage. Le prix du pain ... diminu... depuis la récolte. La rivière ... mont... de cinquante centimètres dans la journée. Il ... mont... dans sa chambre et il y ... rest... Après ... march... deux kilomètres, nous vîmes sur une hauteur une belle maison de pierre. Philippe mourut à quarante ans, après en ... régn... quinze. Tous les arts et toutes les sciences ... né... parmi les nations libres. Déjà, dans les forêts voisines, les pins et les chênes ... tomb... sous le fer des Castillans. A l'époque du déluge, la pluie ... tomb... du ciel pendant quarante jours et quarante nuits. Le baromètre ... descend... de quatre degrés pendant la journée. Quel homme ... descend... plus avant que Tacite dans les profondeurs de la politique ? La famine ... cess... grâces aux prières publiques. Et du Dieu d'Israël les fêtes ... cess... Midi ... sonn... à Notre-Dame quand le premier coup de canon ... part... Sa fortune ... augment... dans cette spéculation. Sa fortune ... augment... du double. Cette race de nègre ... bien dégénér... Les Romains ... dégénér... après la conquête de la Grèce. Il y a plus de six mois que votre père ... part... pour la Californie. Nous ... camp... près du fleuve. L'armée ... camp... depuis deux mois.

---

139. *Echapper* signifiant avoir oublié prend l'auxiliaire *avoir* : *J'ai retenu le chant, les vers* *m'ont échappé. Echapper* signifiant faire une chose involontairement prend l'auxiliaire *être : Ce mot m'est échappé, pardonnez ma franchise.*

140. *Convenu* avec *avoir* réveille une idée de convenance : *Cette place lui aurait bien convenu. Convenir* avec *être* a le sens de demeurer d'accord, de faire convention : *Elle est convenue de ses torts.*

141. *Demeuré* employé avec *être* exprime une idée d'une certaine durée et a le sens de s'arrêter, rester : *Les choses en sont demeurées là. Il est demeuré trois mille hommes sur la place.*

Demeuré avec *avoir* a le sens d'habiter, tarder, employer du temps à une chose : *Il a demeuré dans cette rue. Il a demeuré trois ans à Madrid.*

Le participe *resté* suit la même règle.

142. *Expiré* prend *être* quand il se dit des choses : *La trève est expirée.*

Il prend *avoir* lorsqu'il se dit des personnes : *Cet homme a expiré.*

EXERCICE. — *Les élèves placeront les auxiliaires.*

Nous ... demeu... assez longtemps aux Etats-Unis. Ceux qui ... échapp... du naufrage disent un éternel adieu à la mer et aux vaisseaux. Les défauts des gens obscurs ... échapp... à l'histoire. Quand on ... arriv... au port, qu'il est doux de se rappeler les orages auxquels on ... échapp... J... demeur... captif en Egypte comme Phénicien. Quoique les Chinois se piquent d'être la nation la plus ancienne, ils sont loin d'être la plus éclairée ; ils ... demeur...

stationnaires dans la plupart des sciences. Le sommeil est une trêve conclue avec la douleur, quand elle ... expir... les chagrins reviennent nous livrer combat. Mon père ... expir..., j'apportai ici ses cendres. Les généraux alliés ... conven... de ne point livrer bataille avant d'avoir reçu du renfort. Cette vaste plaine ... conven... pour y établir notre camp si le terrain n'eût pas été marécageux. Le mot qui t... échapp... est ton maître ; celui que tu retiens est ton esclave. Lorsque Charlemagne ... expir..., la France vit décroître rapidement sa puissance. La trêve n... pas expir... au moment où ils ont commencé l'attaque. L'histoire du prisonnier au masque de fer ... demeur... dans une nuit profonde. Ils ... conven... d'attaquer l'ennemi le même jour. La place qu'on a proposé à votre père et qu'il n'a pas voulu accepter, m... bien conven...

Emploi des temps et des modes du verbe.

143. Le *présent de l'indicatif* s'emploie pour le *passé* quand on veut donner à la pensée plus de vivacité : *Quoique attaqué à l'improviste, il ne se déconcerte point, accepte le combat et culbute son ennemi.*

144. On emploie le *passé défini* en parlant d'un temps absolument écoulé et dont il ne reste plus rien. Ainsi l'on dit : *J'étudiai hier, la semaine der-*

nière, *l'an passé*, parce que le *jour*, la *semaine*, l'*année* sont entièrement écoulés.

145. Le *passé indéfini* s'emploie indifféremment pour un temps passé, soit qu'il reste une partie à s'écouler ou non. On dit bien : *J'ai étudié ce matin, hier, cette semaine, la semaine passée.*

EXERCICE.—*Distinguez le présent employé pour le passé, le passé défini et le passé indéfini.*

On cherche Vatel ; on court à sa chambre, on heurte, on enfonce sa porte, on le trouve noyé dans son sang. Il tenait pour maxime qu'un habile capitaine peut bien être vaincu, mais qu'il ne lui est pas permis d'être surpris. Turenne meurt, tout se confond, la fortune change, la victoire se lasse, la paix s'éloigne ; les bonnes intentions des alliés se ralentissent ; le courage des troupes est abattu par la douleur : tout dans le camp demeure immobile ; les blessés pensent à la perte qu'ils ont faite et non aux blessures qu'ils ont reçues. Je vis hier une chose assez singulière. Le roi m'a nommé aujourd'hui archevêque de Cambrai. Je te parlai l'autre jour de l'inconstance prodigieuse des Français en leur mode. Mon père me fit jurer sur les autels que je serais jusqu'à la mort ennemi des Romains ; je le jurai, je l'ai accompli. Huit jours après son départ, il m'écrivit une lettre remplie de lamentations. J'ai vu l'autre jour, à Neuilly, fuir un larron à travers champs, après lequel tout le village criait. Les poètes ont créé les Dieux. Quelques animaux nous ont enseigné à bâtir des maisons. C'est Boileau le premier qui enseigna l'art de parler toujours convenablement. J'ai lu ce matin cette maxime où Platon dit que l'espérance est le songe d'un homme éveillé.

---

146. On se sert du *subjonctif*: 1° après les verbes qui marquent le doute, l'incertitude, le souhait, la crainte, la volonté, le commandement, la nécessité, le désir, l'utilité, le consentement, la permission, etc. *Je veux que vous le fassiez, je doute qu'il vienne, je souhaite qu'il aille bien.*

2° Après les verbes impersonnels : *Il faut que vous partiez. Il convient que vous vous soumettiez. Il est nécessaire qu'il soit puni.*

3° Après les expressions *quelque…que, quelque, qui, que, si* et les locutions conjonctives *à moins que, afin que, avant que, au cas que, de peur que, bien que, quoique, encore que, pourvu que, de manière que, jusqu'à ce que, supposé que,* et la conjonction *que* employée pour l'une de ces locutions : *Afin qu'il le sache. De peur qu'il ne réussisse. Quelque grand qu'il soit. Qui que vous soyez, ne venez pas que je ne vous le dise,* c'est-à-dire : *Ne venez pas si je ne vous le dis.*

4° On emploie le subjonctif après une phrase *négative* ou *interrogative* : *Je ne pense pas qu'il soit venu. Pensez-vous qu'il ait raison?*

5° Après les expressions *le premier, le dernier, le plus, le moins, le meilleur, le seul, l'unique, il n'y a que, il n'est que, il n'y a point : Il est le seul qui soit pauvre. Il n'y a que lui seul au monde qui le sache.*

EXERCICE. — *Mettez les verbes aux temps convenables:*

Obéis, si tu veux qu'on t'obéir un jour. Faut-il que les mortels ne être heureux qu'en songe. Qui rit d'autrui doit craindre qu'en revanche on rire aussi de lui. Je désire que vous être plus heureux. Il est juste, grand roi, qu'un meurtrier périr. Il serait bon qu'on obéir aux lois. Il ne me plaît pas que vous aller là. Quelque effort que faire les hommes, leur néant paraît partout. Si mince qu'il pouvoir être, un cheveu fait de l'ombre. Quoi que vous dire, un ânon ne deviendra qu'un âne. L'on est mort avant qu'on apercevoir qu'on pouvait mourir. Les hommes ont la volonté de rendre service jusqu'à ce qu'ils en avoir le pouvoir. Pour qu'on vous obéir, obéissez aux lois. Il fait bon craindre encore que l'on être craint. L'amour-propre vit et règne en nous, à moins que Dieu ne détruire son empire en versant un autre amour dans notre cœur. Je ne vous quitte point, Seigneur, que votre bonté ne m'accorder ce don. Si les hommes étaient sages et s'ils suivre les lumières de la raison, ils s'épargneraient bien des chagrins. Que celui qui est sans péché lui jeter la première pierre. Je n'ai employé aucune fiction qui n'être une image sensible de la vérité. L'homme pour qui tout renaît sera-t-il le seul qui mourir pour ne jamais revivre! Je ne pense pas que personne vouloir lui dresser des piéges. Dieu juste! serait-il vrai que tu voir avec indifférence le crime triomphant et la vertu souffrante! N'attendez pas que je vous réponde là-dessus. Je doute que le ris excessif convenir aux hommes qui sont mortels. Néron est le premier empereur qui persécuter l'Eglise. Les Egyptiens sont les premiers qui avoir bien connu les règles du gouvernement. C'est une des dernières épîtres que saint Paul écrire. L'Evangile est le plus beau présent que Dieu pouvoir faire aux hommes. Le meilleur usage qu'on pouvoir faire de son esprit est de s'en défier. Virgile est le seul poète latin qui exceller dans la pastorale. Le présent est l'unique bien dont l'homme être vraiment le maître. La clémence est la plus belle marque qui faire à l'univers connaître un vrai monarque. Il n'y a jamais que la guerre et les combats effectifs qui faire les hommes guerriers. Il y a peu de rois qui savoir chercher la véritable gloire. Pompée aspirait à des honneurs qui le distinguer de tous les capitaines de son temps. Puisque vous le voulez, j'accorde qu'il le faire. Loin que les rois faire pour eux, ils ne sont eux-mêmes tout ce qu'ils sont que pour les peuples.

---

147. *Le présent du subjonctif* correspond :

Au présent de l'indic. *je veux.*
Au futur présent . . . *je voudrai.* }que tu viennes,
Au futur passé. *quand j'aurai voulu.*

148. *L'imparfait du subjonctif* correspond :

A l'imparfait . . . . . *je voulais.*
Au passé défini. . . . *je voulus.*
Au passé indéfini . . . *j'ai voulu.* }que tu vinsses,
Au plus-que-parfait. . *j'avais voulu.*
Au conditionnel. . . . *je voudrais.*
Au conditionnel passé. *j'aurais voulu.*

149. *Le passé du subjonctif* correspond :

Au présent	*je veux.*	
Au passé défini . . .	*j'ai voulu.*	*que tu aies écrit.*
Au futur présent . . .	*je voudrai.*	
Au futur passé	*j'aurai voulu.*	

150. *Le plus-que-parfait du subjonctif* correspond :

A l'imparfait	*je voulais.*	
Au passé défini	*je voulus.*	
Au passé indéfini . . .	*j'ai voulu.*	*que tu eusses écrit.*
Au passé antérieur . .	*j'eus voulu.*	
Au plus-que-parfait. .	*j'avais voulu.*	*que tu fusses venu.*
Au conditionnel . . .	*je voudrais.*	
Au conditionnel passé.	*j'aurais voulu.*	

EXERCICE. — *Mettez les verbes aux temps convenables.*

Il ne me plaît pas que vous aller là. Il faudra qu'ils se rendre à la force de la vérité, quand ils auront permis qu'elle paraître dans tout son jour. Il faudrait que ceux qui parlent se mettre à la portée de ceux qui les écoutent. C'était la plus belle décoration qu'on pouvoir imaginer. Je la laissai seule décider la plus grande affaire que j'avoir de ma vie. Je n'ai pu encore aller à Livry quelque envie que j'en avoir. Edouard III avait condamné à mort Eustache de Saint-Pierre et ses compagnons; mais la reine pleura et pria tant, qu'enfin elle obtenir leur grâce. Turenne refusa la marchandise qu'on lui offrait à crédit : Je craindrais, disait-il au marchand, que si je venais à mourir, tu n'en perdre une partie. Pour résister aux Romains, il aurait fallu que Carthage être moins opulente. Je ne crois pas qu'il y avoir de véritable amitié entre les personnes qui ne sont pas vertueuses. J'ai voulu que tu finir ton travail, avant d'en commencer un autre. Au dernier jour, il faudra que l'amour de Dieu être le principe de tes actions. Quand tu auras acquitté tes dettes, il faudra bien qu'alors tu comprendre la nécessité de n'en plus contracter d'autres. Pour faire la conquête de l'Italie, il aurait fallu qu'Annibal ne laisser pas amollir ses guerriers par les délices de Capoue. Quoi ! vous mourez innocent, disait un disciple de Socrate à ce philosophe. Vous voudriez donc, répondit Socrate, que je mourir coupable. L'envieux voudrait que tout ce qui est bon appartenir à lui seul. Dieu exige que nous employer au soulagement de nos semblables les richesses qu'il nous a données. Fasse le ciel que nous n'envier aux riches que le pouvoir de faire des heureux. Une loi d'Athènes voulait que lorsque la ville était assiégée, on faire mourir tous les gens inutiles. Solon, en mourant, ordonna qu'on porter ses os à Salamine, qu'on les brûler et qu'on en jeter les cendres par toute la campagne. La Fontaine est peut-être le seul des gens de lettres de son temps qui n'avoir aucune part aux libéralités de Louis XIV. La Providence a permis que les Barbares détruire l'empire romain et venger l'univers vaincu. Les illusions heureuses sont ce qu'il y a de mieux dans le monde, aussi Fontenelle en le quittant disait-il : Il était temps que je m'en aller, car je commençais à voir les choses telles qu'elles sont. Il s'en fallait peu qu'il n'achever. Ils trouvèrent mauvais que je n'avoir pas songé plus sérieusement à les faire rire. Ne partez point, car il faudrait que vous arriver à midi pour le trouver encore chez lui. Je douterai toujours que vous conduire à bien votre entreprise, si votre ami ne intervenir. Je voudrais seulement qu'on vous le faire connaître. Je doute qu'il être indisposé le matin, s'il suivre les prescriptions du médecin. On n'avait pas cru d'abord que nous avoir si complètement échoué.

Remarques sur les verbes interrogatifs.

151. Il est des verbes qui, à cause de l'équivoque, et du son désagréable qu'ils produiraient ne s'emploient pas interrogativement à la première personne du présent de l'indicatif comme : *Cours-je, dors-je, rends-je, mens-je, romps-je, sors-je, répands-je, n'interromps-je ;* il faut prendre un autre tour et dire : *Est-ce que je cours? Est-ce que je dors?*

152. Lorsqu'un verbe est terminé par un *e* muet à la première personne du *présent de l'indicatif, du subjonctif* et de l'*imparfait* de ce dernier mode, on change cet *e* en *é fermé* dans les phrases interrogatives ou exclamatives . *laissé-je, aimé-je, puissé-je, dussé-je, parlé-je, régné-je, trouvé-je, veuillé-je, osé-je, respiré-je, fussé-je.*

153. Pour distinguer dans les phrases interrogatives le *futur* du *conditionnel*, et le *passé défini* de l'*imparfait de l'indicatif*, il faut faire disparaître

la forme interrogative du verbe et voir si au pluriel on obtient le *futur*, le *conditionnel*, le *passé défini* ou *l'imparfait de l'indicatif*: *Comment ferai-je pour réussir dans cette entreprise?* On écrit *ferai-je* au *futur*, parce qu'on peut dire : *Qu'est-ce que nous ferons pour réussir dans cette entreprise?*

154. Lorsque dans une phrase interrogative, le verbe se termine par un *a* ou un *e*, on met entre le verbe et les pronoms personnels *il*, *elle* un *t* entre deux traits d'union : *Daigne-t-il? daigne-t-elle? daigna-t-il? daigna-t-elle?* La lettre *t* est alors dite lettre *euphonique*, c'est-à-dire lettre destinée à adoucir la prononciation.

EXERCICE. — *Mettez les verbes aux temps convenables et placez les* t *euphoniques.*

Veiller je et n'être ce point un heureux songe Mon père, je vous retrouve, ainsi pouvoir je retrouver Ulysse? Aimer je les plantes, j'en cueille sur les grèves. Du nom d'amie oser-je vous nommer? Quel lieu de la terre pouvoir je parcourir sans trouver Dieu? Devoir je me taire ou vous reprocher vos défauts? C'est vous, c'est vous, c'est bien vous, m'écrier je? A peine entrer je dans ce bois qu'il fallut me retirer. Que pouvoir je vous dire et quels remerciments pour tant de bienfaits? Ce petit nombre d'heures que je dois donner aux pensées sérieuses, pourquoi les consumer je en futilités? Hélas ! penser je alors, que nous sommes vite oubliés. Dieu avoir promis à l'homme d'obéir à tous ses désirs. Aimable enfant, Dieu me montrer il en toi l'ange qui doit me consoler? Votre fortune réparer elle toutes mes années de souffrance? La moindre action, la moindre parole échapper elle à Dieu? Croire je tout ce que vous me racontez.

De l'emploi de l'infinitif.

155. L'*infinitif* peut s'employer soit comme *sujet*, soit comme *régime*, soit comme *nom* : *Mourir est doux pour le juste. Les enfants qu'on a vus étudier. Le boire, le manger.*

156. On peut employer *deux infinitifs* de suite, mais un plus grand nombre rendrait le style diffus : *Vous pourrez aller voir vos parents.*

L'infinitif est préférable à tout autre mode : *Il croit avoir tout dit* plutôt que : *Il croit qu'il a tout dit.*

EXERCICE. — *Indiquez les infinitifs sujets, régimes et employés comme noms. Changez les phrases et mettez l'infinitif de préférence à tout autre mode.*

Briller est une victoire au profit de la vanité ; plaire est une conquête au profit du cœur. La vertu peut effacer l'inégalité des conditions. Quel plaisir n'éprouve-t-on pas à soulager ceux qui souffrent, à faire des heureux, à régner sur les cœurs. Le savoir-faire, l'habileté ne mènent pas toujours aux richesses. La paix nous est nécessaire comme le manger et le dormir. Si la terre voulait tromper le ciel, ce serait folie. Dissimuler n'est pas mon caractère. Vous pensez que vous savez tout. Dieu nous a faits pour que nous l'aimions et non pas pour que nous le comprenions. Le blaireau a les jambes trop courtes pour qu'il puisse mieux courir. La vie de Pépin ne fut pas assez longue pour qu'il pût mettre la dernière main à ses projets. Pour devenir savant, il faut que l'on étudie.

---

157. Les verbes qui doivent être suivis de la préposition *à* sont :

Abaisser (s').	Conspirer.	Montrer et (se).
Aboutir.	Consumer (se).	Nécessiter.
Abuser (s').	Contribuer.	Obstiner (s').
Accorder (s').	Convier.	Offrir (s').
Acharner (s').	Coûter.	Parvenir.
Aguerrir et (s').	Décider.	Pencher.
Aider.	Déterminer (se).	Penser.
Aimer.	Dévouer.	Persévérer.
Animer et (s').	Disposer et (s').	Persister.
Appliquer (s').	Donner.	Plaire (se).
Apprendre.	Dresser.	Plier et (se).
Apprêter (s').	Employer et (s').	Préparer et (se).
Aspirer.	Encourager et (s).	Prétendre.
Assigner.	Engager.	Provoquer.
Assujettir et (s').	Enhardir (s').	Réduire.
Attacher (s').	Enseigner.	Renoncer.
Attendre (s').	Entendre (s'(	Répugner.
Autoriser.	Exceller.	Résigner (se).
Avilir (s').	Exciter et (s').	Résoudre (se).
Avoir.	Exhorter.	Réussir.
Balancer.	Exposer (s')	Servir.
Borner et (se).	Fatiguer (se).	Songer.
Chercher.	Habituer (s').	Suffire.
Complaire (se).	Hasarder (se).	Tarder.
Concourir.	Hésiter.	Travailler.
Condamner et (se)	Instruire.	Viser.
Consentir.	Inviter.	Vouer et (se).
Consister.	Mettre (se).	

158. Les verbes qui doivent être suivis de la préposition *de* sont :

Abstenir (s')	Disculper (se)	Persuader (se).
Accuser et (s').	Dissuader.	Piquer (se)
Achever.	Empêcher.	Plaindre (se).
Affecter.	Entreprendre.	Prescrire.
Affliger (s').	Enrager.	Presser (se).
Ambitionner.	Etonner.	Promettre et (se).
Applaudir (s').	Eviter.	Proposer et (se).
Appréhender.	Excuser (s').	Punir.
Avertir.	Feindre.	Rappeler (se).
Aviser (s').	Féliciter.	Recommander.
Brûler.	Flatter (se).	Refuser.
Blâmer.	Frémir.	Regretter.
Cesser.	Gémir.	Réjouir (se).
Charger (se).	Glorifier (se).	Repentir (se).
Commander.	Hâter.	Reprocher et (se).
Conjurer.	Imputer.	Résoudre (se).
Conseiller.	Indigner (s')	Rire.
Contenter (se).	Ingérer (s')	Risquer.
Convenir.	Inspirer.	Rougir.
Craindre.	Jurer.	Sommer.
Dédaigner.	Manquer.	Souffrir.
Défendre.	Méditer.	Souhaiter.
Défier (se).	Mêler.	Soupçonner.
Désespérer.	Menacer.	Souvenir (se).
Désirer.	Mériter.	Suggérer.
Détester.	Négliger.	Supplier.
Différer.	Nier.	Tenter.
Dire.	Ordonner.	Trembler.
Disconvenir.	Pardonner.	Vanter (se).
Discontinuer.	Parler.	
Dispenser.	Permettre (se).	

159. Il est des verbes qui prennent indifféremment les prépositions *à* ou *de*; ce sont : *Commencer, continuer, contraindre, demander,*

forcer, obliger, oublier, s'empresser, s'engager, souffrir, etc. :

Je commence à *rougir de mon oisiveté.*
Puisque j'ai commencé de *rompre le silence.*

C'est le goût qui décide entre ces deux prépositions.

EXERCICE. — *Les élèves feront des phrases sur quelques-uns de ces verbes et les feront suivre de la préposition qu'ils exigent.*

QUESTIONNAIRE. — 115. *Comment s'accorde le verbe à un mode personnel?* — 116. *Comment s'accorde le verbe s'il a plusieurs sujets liés par* et *?* — 117. *Que fait-on si les sujets sont de différentes personnes?* — 118. *Dans quels cas un verbe qui a plusieurs sujets ne s'accorde-t-il qu'avec le dernier?* — 119. *Comment s'accorde le verbe s'il a deux sujets liés par* ni *ou par* ou *?* — 120. *Comment s'accorde le verbe après* l'un et l'autre, ni l'un ni l'autre *?* — 121. *Comment s'accorde le verbe ayant pour sujet plusieurs noms liés par* comme, ainsi que, avec, de même que, aussi bien que *?* — 122. *Comment se met le verbe ayant pour sujets plusieurs infinitifs?* — 123. *Comment s'accorde le verbe s'il a pour sujet un collectif général?* — 124. *Comment s'accorde le verbe s'il a pour sujet un collectif partitif?* — 125. *Qu'y a-t-il à remarquer lorsque le collectif partitif suivi d'un nom pluriel est sujet d'une proposition?* — 126. *Comment s'accorde le verbe après certains noms employés sans adjectif déterminatif?* — 127. *Dans quels cas le verbe* être *précédé du pronom* ce *prend-il le pluriel?* — 128. *Dans quels cas le verbe* être *précédé du pronom ce se met-il au singulier ? — 129. Le verbe être reste-t-il toujours au singulier dans les expressions qu'est-ce-que, si ce n'est, c'est à ? — 130. Doit-on dire :* c'est huit heures qui sonnent *ou* ce sont huit heures *? — 131. Fût-ce et sera-ce se mettent-ils quelquefois au pluriel ? — 132. Un nom peut-il être régime de deux verbes à la fois ? — 133. Deux verbes peuvent-ils avoir le même régime indirect ? — 134. Quelle est la place du régime ? — 135. Les régimes du verbe doivent-ils être exprimés par des mots de même nature ? — 136. Quand emploie-t-on* de *ou par* après un verbe passif? — 137. Quel auxiliaire prennent la plupart des verbes neutres dans leurs temps composés ? — 138. Quels sont les verbes qui prennent tantôt l'auxiliaire* avoir *et tantôt l'auxiliaire* être *? — 139. Quelle différence y a-t-il entre* avoir échappé *et* être échappé *? — 140. Quelle différence y a-t-il entre* avoir convenu *et* être convenu *? — 141. Quelle différence y a-t-il entre* avoir demeuré *et* être demeuré? — 142. Quelle différence y a-t-il entre* avoir expiré *et* être expiré *?—143. Dans quels cas peut-on employer le* présent de l'indicatif *à la place du* passé ?— 144. Dans quels cas s'emploie le* passé défini *?—145. Dans quels cas s'emploie le* passé indéfini *?— 146. Dans quels cas se sert-on du* subjonctif*? — 147. A quels temps correspond le* présent du subjonctif? — 148. A quels temps correspond l'*imparfait du subjonctif?—149. A quels temps correspond le* passé du subjonctif? —150. A quels temps correspond le* plus-que-parfait du subjonctif?—151. Tous les verbes peuvent-ils s'employer interrogativement ?— 152. Qu'y a-t-il à remarquer lorsqu'un verbe interrogatif est terminé par un* e *muet à la première personne du présent de l'indicatif? — 153. Qu'y a-t-il à remarquer pour savoir distinguer le* futur du *conditionnel, le* passé défini de l'imparfait de l'indicatif *dans les phrases interrogatives ?— 154. Lorsque le verbe interrogatif est* *terminé par un* a *ou par un* e *muet, par quelle lettre joint-on le verbe au pronom ? — 155. L'infinitif peut-il s'employer comme sujet, comme régime et comme nom? —156. Peut-on employer plusieurs infinitifs de suite?— 157. Quels sont les verbes qui doivent être suivis de la préposition* à *? — 158. Quels sont les verbes qui doivent être suivis de la préposition* de*?—159. Est-il des verbes qui prennent indifféremment les prépositions* à *ou de* ?*

CHAPITRE VII.

Du Participe.

160. On appelle participe deux inflexions que les verbes reçoivent : l'une est nommée *participe présent* et l'autre *participe passé*. On l'appelle ainsi parce qu'il tient de la nature du verbe (par le régime) et de celle de l'adjectif (par la qualité).

Participe présent.

161. Le *participe présent*, terminé par *ant* est toujours invariable. On le distingue :

1° En ce qu'il marque l'action, le mouvement.

2° Il a presque toujours un régime. *Les ennemis brûlant, pillant, saccageant notre ville épargnèrent cependant les hospices fondés par saint*

Vincent de Paul. brûlant, pillant, saccageant expriment l'action et ont un régime.

3° Il peut aussi se changer en un des temps du même verbe : *Il se trouve des gens ignorant les vérités les plus essentielles* (qui ignorent).

4° Il peut être précédé de la préposition *en* et de la négation *ne* : *L'Éternel en créant les merveilles de la nature prévoyait que nous en ferions souvent un mauvais usage. J'ai vu des enfants ne jouant que pendant les récréations.*

Adjectif verbal.

162. Il ne faut pas confondre avec le participe présent l'*adjectif verbal*, ainsi appelé parce qu'il est formé du verbe, il est, comme le participe présent, terminé par *ant ;* mais il en diffère en ce qu'il prend le genre et le nombre du nom auquel il se rapporte. On le distingue en ce qu'il exprime :

1° L'état, la qualité.

2° Il n'a pas de régime : *Des bourgeons naissants annoncent la vigueur de l'arbre. Naissants* exprime l'état et n'a pas de régime.

3° On peut toujours le faire précéder d'un des temps du verbe *être* ou des adverbes *très, plus, moins. La jeunesse est inconstante dans ses projets. Les enfants très-bruyants dans leurs jeux ne s'amusent pas avec plaisir.*

EXERCICE. — *Complétez les participes présents et les adjectifs verbaux.*

Ceux que l'on voit toujours tendan... la main méritent moins notre pitié que ces pauvres timides et honteux restan... dans leurs demeures et ne demandan... jamais. Les gouttes de rosée scintillaient brillan... comme des perles aux premiers feux du jour, renvoyan... à nos regards charmés toutes les couleurs de l'arc-en-ciel. Deux cygnes éclatan... de blancheur avaient attiré nos regards. Nous les voyions tantôt planan... au-dessus de nos têtes, tantôt effleuran... les eaux vertes du lac ou s'y plongean... avec mille joyeux ébats. Enfin ils s'élevèrent dans les airs et nous cessâmes de les voir, mais des sons mélodieux et brillan... descendaient jusqu'à nous de la hauteur des cieux. Ces malheureux étaient exténués et tout grelottan... de froid, et à moitié mouran... de fatigue et de besoin. Les trois voyageurs pâlissan... voyaient à la clarté de la foudre passer le lion, le tigre, le lynx, le léopard tremblan... comme eux. Il n'y a que les âmes aiman... qui soient propres à l'étude de la nature. L'eau est une des plus grandes forces mouvan... que l'homme puisse employer pour suppléer à ce qui lui manque de force dans les arts, les plus nécessaires. La politesse est comme l'eau couran... qui rend unis les plus durs cailloux. Si l'eau était raréfiée, elle ne pourrait soutenir ces édifices flottan... qu'on nomme vaisseaux ; les corps pesan... s'enfonceraient tout d'abord. Il y a des peuples qui vivent erran... dans les déserts. Calypso aperçut

dés cordages flottan... sur la côte. Tous les por-
traits de ce peintre sont ressemblan... et frappan...,
tous les personnages de ses tableaux sont vivan...
et parlan... Les Spartiates combattan... et mouran...
aux Thermopyles firent comprendre aux Perses qui
se croyaient déjà triomphan... que des esclaves ne
peuvent soumettre une nation libre. Molina entend
les serpents ; il croit les voir rampan... autour de
lui ; il fallait mourir ou s'échapper !.. Il se courbe,
et les mains appuyées sur ses genoux tremblan...
il sort de la caverne. Ces personnes ne savent nous
entretenir que de faits attristan..., alarman...,
que de nouvelles affligean..., de catastrophes ef-
frayan... Une personne concilian... accommodan...,
obligean... tout le monde est souvent dupe de son
bon cœur. Je connais des personnes dorman... d'un
sommeil si profond, que le bruit de la foudre ne
les réveillerait pas. Toutes les planètes circulan...
autour du soleil paraissent avoir été mises en mouvement par une impulsion commune. Je contem-
ple avec un secret ravissement les hirondelles se
disposan... à quitter nos climats et se réunissan...
de toutes parts ; je les regarde se jouan... sur l'eau,
s'élançan... ensemble dans les airs, poursuivan...
les insectes, montan..., descendan..., se croisan...
tour à tour et semblan... faire l'essai de leurs ailes.

Participe passé, adjectif.

163. Tout participe passé qui n'est accompagné

d'aucun auxiliaire est un véritable *adjectif* qui s'accorde en genre et en nombre avec le nom auquel il se rapporte : *Des fleurs flétries et des troncs renversés annonçaient les ravages de l'ouragan. Les fronts de ces jeunes élèves, couronnés de lauriers, prouvent leurs succès.*

EXERCICE. — *Complétez les participes passés adjectifs.*

Voyez ce papillon échappé... du tombeau, sa mort fut un sommeil et sa tombe un berceau. Peu de richesses ménagé... avec soin valent mieux que de grands trésors mal employé... Comment la jeunesse livré... à elle-même et abandonné... sans guide à la fougue de l'âge résisterait-elle à la séduction des plaisirs étalé... de toutes parts autour d'elle ? C'est Dieu même qui fait tomber ces pluies et ces récoltes si impatiemment attendu..., car c'est Dieu qui féconde la terre cultivée... par nos mains et arrosé... par nos sueurs. Que de traits de courage et de dévoûment accumulé... dans nos annales et laissé... comme d'impérissables exemples à la postérité. Les mêmes actes plusieurs fois répété... forment l'habitude. Enorgueilli... de leur puissance, enivré... de leur pouvoir, caressé... par la gloire et la fortune, flatté... et adulé... par tout ce qui les entoure, les rois ont plus que les autres hommes besoin du secours du ciel. Les belles actions caché... sont les plus estimables. Je ne connais d'avarice permi... que celle du temps. Les jeunes filles mal instruit... et inappliqué... ont une imagination toujours erran... Les oiseaux de mer attiré... par ces retraites paisibles y venaient passer la nuit. Je vis vos ennemis vaincu... et renversé... sous nos coups expiran..., devant nous dispersé... Une belle pensée embrouillé... est un diamant couvert de boue. Ce bon vieillard habite une chaumière entouré... de quelques arpents de terre et vit en paix sans désirer les richesses de son voisin. Tous les Israélites sorti... de l'Egypte à la suite de Moïse périrent dans le désert, excepté... Caleb et Josué. On voit dans la Tourraine des vallons peuplé... de jolies maisons blanches entouré... de bosquets, de coteaux jauni... par les vignes ou blanchi... par les fleurs du cerisier; de vieux murs couverts de chèvre-feuille naissan..., des tours à moitié démoli... Les druides avaient pour temples les forêts, c'est là que vêtu... d'une robe blanche, armé... d'une faucille d'or et portant un sceptre surmonté... d'un croissant, le front ceint... de feuilles de chêne et de bandeaux étoilé..., emblèmes de l'apothéose, ils venaient chercher avec des cérémonies religieuses le gui sacré... que nos ancêtres appelaient l'épouvantail de la mort.

---

164. Les participes passés sont assujettis à deux règles principales :

PREMIÈRE RÈGLE.

165. *Participe passé accompagné du verbe* ÊTRE.

Le *participe passé* accompagné du verbe *être*

s'accorde en genre et en nombre avec son sujet, quelle que soit la place qu'il occupe. Ce sont :

1° Les *participes des verbes passifs* : *L'Egypte était fertilisée par le Nil.*

2° Les *participes des verbes neutres* conjugués avec *être* et dont la signification ne permet pas de les conjuguer avec *avoir* : *Je vous raconterai toutes les aventures qui me sont arrivées pendant mon voyage.*

3° Les *participes des verbes pronominaux essentiels* : *Elle s'est bien repentie des fautes de sa jeunesse.*

EXERCICE. — *Complétez les participes passés.*

Il y a des gens qui font du bien sans mériter d'en être loué... La raison et la vérité sont rarement brouillé... ensemble. Dès les premiers âges du monde, nous voyons les arts principaux être connu... sur la terre. La manière d'utiliser le feu était inconnu... aux peuples anciens. L'invention de la charrue fut disputé... aux Egyptiens. Il faut secouer l'âme quand elle est abattu... Les meilleurs fruits sont becqueté... par les oiseaux et rongé... par les vers. Dieu soutient ceux qui chancellent et relève ceux qui sont tombés... Jean-le-Bon disait que si la vertu et la vérité étaient banni... de la terre, elles devraient toujours se retrouver dans la bouche des rois. Les jours consacré... aux actes de bienfaisance sont toujours bien employé... Les murs de Thèbes furent élevé... au simple son de la lyre. La discorde rentrera dans les enfers d'où elle est sorti... Ces choses ne sont pas arrivé... exactement comme on nous les a raconté... Si ces jeunes personnes sont resté... dans l'ignorance, c'est parce que leur attention n'a pas été assez soutenu... Les difficultés ne sont vaincu... que par le travail, et la couronne n'est donné... qu'à la persévérance. Vos frères sont parti... comme ils étaient venu... Nous nous sommes empressé... de revenir sur nos pas. Dieu nous pardonnera nos fautes lorsque nous nous en serons repenti... sincèrement. Toute la société s'est moqué... de vos prétentions. C'est en vain que nous nous sommes récrié... contre les droits que se sont arrogé... nos voisins. Vos jeunes amies se sont toujours souvenu... avec plaisir des années de leur éducation. Comment tant de grandeur s'est-elle évanoui... ! Cette fiction s'était emparé... de tous les esprits. Abraham, Isaac et Jacob érigeaient des monuments pour perpétuer le souvenir des choses qui leur étaient arrivé... Que de pèlerins sont allé... en Palestine ! L'histoire des grands hommes finit toujours par ces mots : ils sont mort... Quand le Saint-Sacrement passait, la foule s'est agenouillé..., puis prosterné... silencieusement. L'ambition ne quitte jamais un cœur dont elle s'est une fois emparé... Que de gens se sont repenti... de ne s'être pas appliqué... dans la jeunesse ! Les Musulmans se sont longtemps abstenu... de vin.

DEUXIÈME RÈGLE.

Participe passé accompagné du verbe AVOIR.

166. Le *participe passé* accompagné du verbe *avoir* s'accorde en genre et en nombre avec son régime direct quand ce régime est placé avant le participe ; mais si le régime est placé après ou s'il n'y en a point, le participe reste invariable. Tels sont les participes des verbes actifs : *Nous avons distribué aux pauvres les richesses que Dieu nous a données.*

EXERCICE. — *Complétez les participes passés.*

J'ai uni... ma voix à celles de mes compagnes pour célébrer le jour de ma première communion. J'ai visité... le palais ducal de Parme, tout y est d'une beauté et d'un travail qu'ont admiré... tous les voyageurs ; la psyché tout enrichi... d'or et de saphirs est une des plus belles que j'aie vu... Ce petit chien est un des plus curieux qu'ait produi... la sculpture. Je n'ai jamais entendu... les hymnes graves de l'Eglise sans que mon âme en ait tressailli... Les moments délicieux que nous avons passé... ensemble me rendent ceux-ci plus douloureux; ma fille, plaignez-moi de vous avoir quitté... Je ne comprends pas qu'il se soit trouvé des gens qui aient regardé... le travail comme une peine que le Créateur a imposé... à l'homme. On m'a demandé... un cachet avec une devise, j'ai fait graver sur ce cachet une aiguille avec un bout de fil passé... dans le chas, et j'ai entouré... le tout de cette devise : Je raccommode, je réunis. Une dame avait pri... pour devise une épingle avec ces mots : Je pique, mais j'attache. Une des meilleures que j'aie vu... est celle qu'a fait... récemment une de mes amies, c'est un brin de violette à moitié caché... sous l'herbe avec ces mots : Il faut me chercher. Le chant du pinson a paru... assez intéressant, on y a distingué... un prélude, un roulement ; on a donné... à ses reprises un nom particulier, on les a presque noté... quelques personnes ont trouvé... sa voix trop aiguë, mais c'est sans doute parce qu'elles l'ont entendu... de trop près. Les historiens ont flétri... la mémoire d'Alcibiade, d'autres l'ont relevé... par des éloges, sans qu'on puisse les accuser d'injustice ou de partialité. Les plus fortes inclinations sont celles qu'on a pris... dans l'enfance.

---

167. Les participes des verbes *pronominaux accidentels* rentrent dans la règle du participe conjugué avec *avoir*, par ce que le verbe *être*, qu'on emploie pour l'harmonie de la langue, est toujours mis pour *avoir*, par conséquent le pronom *se*, qui est régime de ces sortes de verbes, est direct ou indirect : *Ces enfants se sont préparées avec le plus grand soin à leur première communion* (c'est-à-dire ont préparé elles). *Ces malheureux se sont suffi dans leur abandon* (ont suffi à eux).

EXERCICE. *Complétez les participes passés.*

Les anciens se sont figuré... que le cygne était doué d'une voix ravissante, aucune fable ne s'était répandu... si facilement. Les Pascal, les Pope se sont immortalisé... par leur génie. Les desseins que s'est proposé... le Créateur en créant l'univers sont impénétrables. Grâce à leurs griffes aiguës, les chats se sont fait... beaucoup d'ennemis. Vous connaissez l'histoire de tous les siècles et de toutes les nations qui se sont succédé... depuis le commencement du monde. Vous vous êtes mis, ma fille, de fausses idées dans l'esprit, quand vous vous êtes figuré... que nous n'avions à suivre que nos penchants et nos goûts. Votre sœur s'est mis... à l'étude très-résolûment, et elle s'est aperçu... bientôt qu'il s'y trouve une multitude d'agréments dont elle ne s'était pas même douté... La vie pastorale qui s'est conservé... dans plus d'une contrée de l'Asie n'est pas sans opulence. Tous les peuples du monde, sans en excepter les Juifs, se sont fait... des dieux corporels. Les montagnes se sont élevé... et les vallons sont descendu... en la place que le Seigneur leur a marqué... Pluton, Neptune et Jupiter se sont divisé... sans tumulte le ciel, la mer et l'enfer. Saturne eut trois fils qui se sont partagé... le domaine de l'univers. Les tèmples se sont écroulé..., les palais se sont renversé..., les ports se sont comblé...

---

168. Les participes précédés de *l'* rentrent dans la règle du participe conjugué avec *avoir*, parce que *l'* est pronom relatif ou pronom elliptique ; il est relatif s'il représente un nom, et alors il est régime direct du participe ; il est elliptique s'il représente un membre de phrase ou un adjectif, et

alors le participe est invariable : *Une bonne action est récompensée par le plaisir qu'on a de l'avoir faite* (elle, l'action). *Notre traversée fut aussi heureuse que nous l'avions présumé* (qu'elle serait heureuse).

EXERCICE. *Complétez les participes passés.*

La maison de nos hôtes est bien telle que vous l'avez décrit… ; mais la forme est tout autre que vous l'avez vu… à votre dernier voyage. L'assemblée fut moins indulgente que je ne l'avais pensé… L'armée russe combattit mieux que le Czar ne l'avait espéré… Cette difficulté, je l'ai reconnu… comme impossible à lever. La vérité, je vous l'ai déclaré… que voulez-vous davantage ? La nouvelle était publique et il ne l'a pas su… Cette assertion est fausse, vous l'avez démontré… Cette querelle fut, comme nous l'avons vu…, l'unique cause de la mort d'Henri IV. L'étude n'est pas hérissé… d'autant de difficultés que vous l'avez cru… jusqu'ici. Ma sœur est toujours aussi bonne, aussi attaché… à mes intérêts que je l'ai connu… autrefois. L'intrépidité de nos soldats a été plus grande encore que nos ennemis ne l'avaient craint… et nos généraux espéré… La paresse va si lentement que la pauvreté l'a bientôt attrapé… L'hirondelle, si vous l'avez observé… s'est toujours fié… à qui lui a souri… ; on l'a vu… de tous temps se fixer de préférence aux édifices abandonné… Jeanne d'Arc mourut à Rouen ; son confesseur, qui ne l'avait pas quitté… un seul instant pendant les longs mois qu'avait duré… sa détention et qui l'avait soutenu…

par ses pieux encouragements nous a transmis...
ses dernières paroles ; les flammes l'avaient déjà
enveloppé... qu'on l'entendait encore prier. Cette
tombe, je l'ai vu..., je l'ai mesuré..., combien ma
pauvre dépouille, quand on l'aura couché... sous
un monceau de terre y sera froidement ! Mais mon
âme vivra d'une vie qui ne doit pas mourir. La
campagne est plus agréable que je ne l'avais cru...
Ils ont mieux pris la chose que je ne l'avais espéré... Votre patience est plus grande qu'on ne
l'aurait supposé...

---

169. Les *participes passés*, précédés du mot
en, rentrent dans la règle du participe conjugué
avec *avoir*. Lorsque le participe passé n'a pour
régime que le pronom relatif *en*, il est toujours invariable, parce que *en* signifie de *cela*, et n'est
jamais employé que comme régime indirect ; mais
s'il est précédé d'un autre régime direct, le participe s'accorde : *Votre amitié n'est point constante ;
j'en ai éprouvé les changements. Leurs services
m'ont été fort utiles ; je les en ai remerciés.*

EXERCICE. — *Complétez les participes passés.*

Quelques personnes ont mis les devises à la mode;
j'en ai composé... plusieurs, mais j'en ai donné...
fort peu de bonnes, la plupart ne valent pas la peine
qu'elles m'ont coûté... Ces jeunes personnes n'ont
jamais songé... qu'aux plaisirs ; elles en ont goûté,
et la seule chose qui leur en soit resté..., c'est
le remords. Les gens de lettres ont rendu...

aux grands plus de services qu'ils n'en ont reçu...
Quelques justes éloges qu'on vous ait donné...; vous
en avez mérité... de plus grands par la belle conduite que vous avez tenu... Les gens que nous
avons vu... solliciter les charges et les honneurs
sont toujours ceux qui s'en sont montré.... les
moins dignes. Les bienfaits dont vous nous avez
comblé... sont gravé.... dans nos cœurs, la mémoire que nous en avons conservé... ne finira jamais. La Bible n'était pas traduit... en langue vul-
gaire, ou du moins les traductions qu'on en avait
fait... étaient ignoré... Le glaive a tué bien des hommes, la langue en a tué... bien davantage. Ne vous
repentez jamais des services que vous avez rendu...
à un ami ; il vaudrait mieux rougir de ne lui en
avoir pas rendu... Les amis sont rares, j'en ai
cherché... sans en pouvoir trouver. La Renommée
que Virgile décrit d'une manière si brillante est
fort supérieure aux imitations qu'on en a fait...
Confucius, en parlant des hommes, dit : j'en ai vu...
qui étaient peu propres aux sciences, mais je n'en
ai point vu... qui fussent incapables de vertus.

---

170. Les participes suivis d'un infinitif rentrent
dans la règle du participe conjugué avec *avoir*. Il
faut s'assurer de l'espèce des deux verbes.

Si l'un est actif, l'autre neutre, le régime appartient nécessairement au verbe actif : *Les enfants
que j'ai vus tomber*.

Mais si le participe et le verbe suivant sont l'un
et l'autre actifs, comme dans : *La lettre que j'ai*

entendu lire. Il faut faire ces deux questions en plaçant le régime alternativement après les deux verbes :

Ai-je entendu la lettre lire ? (ou lisant, qui lisait).
Ai-je entendu lire la lettre ?

Le sens est *j'ai entendu lire la lettre.* Ce régime *lettre* appartenant au verbe *lire,* le participe reste invariable.

Les enfants que j'ai vus étudier sont attentifs.

Vus et *étudier* sont actifs. En faisant les deux questions :

Ai-je vu étudier les enfants ?
Ai-je vu les enfants étudier (étudiant, qui étudiaient),

On voit que le sens est : *J'ai vu les enfants étudier :* or le mot *enfants,* se plaçant mieux après le participe *vus,* en est le régime : accord.

On ne pourrait admettre *j'ai vu étudier les enfants,* car la phrase ne dit pas qu'on étudie les enfants.

Il en est de même du participe suivi d'un infinitif séparé par une préposition : *La résolution que vous aviez prise d'aller à la campagne n'a pu s'effectuer* (Vous aviez pris la résolution d'aller à la campagne).

Les roses qu'ils ont désiré de cueillir étaient flétries. (On ne peut pas dire : *Ils ont désiré les roses de cueillir).*

Remarque. Les participes *pu, dû, voulu,* ont souvent pour régime direct un infinitif sous-entendu, et par conséquent restent invariables : *Je lui ai rendu tous les services que j'ai pu* (sous-entendu lui rendre).

EXERCICE. — *Complétez les participes passés.*

La plante mis... en liberté garde l'inclinaison qu'on l'a forcé... à prendre. Le ciel donnait aux Hébreux un signal visible pour marquer leur marche, et cette éclatante merveille, ils l'ont vu... durer pendant quarante ans. Le succès me fit faire des projets que je n'aurais jamais osé... concevoir. Vous avez aimé... votre prochain si vous lui avez rendu tous les services que vous avez pu... et que vous avez dû. Cent ans d'oisiveté ne valent pas une heure qu'on a su... bien employer. C'est la personne même que vous avez entendu... chanter avec tant de goût, qui a composé... les jolis airs que vous lui avez entendu... chanter. Vous ne lui avez pas adressé... tous les remercîments que vous auriez dû... Les efforts que je leur ai vu... faire méritaient une autre récompense que celle que je leur ai vu... accorder. Nous ne vous avons pas rendu... tous les bons offices que nous aurions voulu..., mais seulement ceux que nous avons pu... Les sciences que nous avons commencé... à étudier, nous semblent peu difficiles à comprendre par la méthode qu'on nous a donné... à suivre. L'imprimerie que la ville de Mayence a vu... naître a contribué... infiniment aux progrès qu'à fait... la civilisation. Nos aïeux vivaient pauvres et heureux dans les champs qui les avaient vu... naître. Que d'hommes Dieu a vu...

naître et mourir ! Que de générations il a vu... s'é-
teindre ! Que de cités il a vu... disparaître ! que
d'empires il a vu... détruire. On ne ferre point les
chevaux à l'île Bourbon ; je les ai vu... courir
comme des chèvres dans les rochers dont cette
île est couverte. Les cloches que nous avons entendu... sonner sont celles que nous avons vu...
fondre. Les élèves que nous avons vu... abuser
des bontés de leurs maitresses se sont repenti...
plus tard de cette conduite inconséquente. Le jour
de ma première communion, au moment où le prêtre allait nous distribuer la sainte Eucharistie, l'idée
de ma faiblesse m'est venue..., et j'ai commencé...
à trembler ; mais il m'a semblé... entendre une voix
me dire : ne crains rien, mon enfant, je suis ton
Père céleste. Le meunier Sans-Souci dit au Grand
Frédéric : Non, non, je ne vous vendrai pas ma
chaumière, c'est le père de mon grand père qui l'a
bâti. ., j'y suis né... mon père et mon grand père
y ont reçu... également le jour et elle les a vu...
mourir, je veux y mourir aussi.

Participes invariables.

171. Les participes invariables sont :

1° Tous les participes des verbes neutres conjugués avec *avoir*, lorsqu'ils n'ont pas de régime
direct : *Vos amis ont dormi pendant le jour et ont
travaillé la nuit. Qui peut dire que les choses qui
m'ont plu me plairont toujours ?*

2° Le participe *fait* suivi d'un infinitif, parce qu'il forme avec cet infinitif un sens indivisible ; alors le nom ou le pronom qui est régime direct, appartient aux deux verbes conjointement, et le participe reste invariable : *Ne cherchez plus vos rosiers, le froid les a fait périr. Louis XIV a fait fleurir les sciences et les arts.*

3° Le participe placé entre deux *que*, parce que le nom qui précède est toujours régime du verbe qui suit le *que*, et non du participe : *Je me suis appliqué aux sciences que j'ai vu que vous cultiviez.*

4° Le participe des verbes impersonnels, parce que s'il est accompagné du verbe *être*, le mot *il* qui le précède n'est que le sujet apparent du participe; et s'il est accompagné du verbe *avoir*, le régime n'est exprimé que par le reste de la phrase : *Cette maladie est une des plus terribles qu'il y ait eu. Il est arrivé de grands malheurs.*

EXERCICE. — *Analysez les participes.*

Les bruits qu'on a fait courir étaient ridicules, et je m'étonne que vous les ayez fait démentir, leur invraisemblance même les aurait fait tomber. Charlemagne a gouverné avec gloire une des plus puissantes monarchies qu'il y ait eu depuis les Romains. Que de vaisseaux il s'est construit en Angleterre ! Ces personnes nous ont fait payer cher les secours que nous leur avions fait demander. Que de temps et de réflexions n'a-t-il pas fallu pour étudier la nature ! Mes raisons, que j'avais cru qu'on approuverait, me paraissaient meilleures qu'elles n'étaient en effet. Les sommes que vous nous avez fait parvenir pour cette bonne œuvre sont insuffisantes depuis que tant de besoins nouveaux se sont fait sentir. Les mathématiques que vous n'avez pas voulu que j'étudiasse sont cependant fort utiles. Les mauvais temps qu'il a fait ont nui aux vignes, et ruiné beaucoup de marchands de vin. L'Allemagne a couru les plus grands dangers pendant les années qu'a duré cette guerre. Que de bien cette princesse n'a-t-elle pas fait pendant le peu de jours qu'elle a régné. Je regrette les nombreuses années que j'ai vécu sans vouloir m'instruire. Toutes les fois qu'ils ont parlé j'ai gardé le silence. Comptez-vous pour rien les heures que vous avez dormi, je les ai passées à écrire. Qui pourrait dire combien de siècles a vécu celui qui a beaucoup senti et médité ? Supportons avec courage les infirmités qu'il a plu au ciel de nous envoyer. Il s'est passé d'étranges événements depuis quelques jours. Il a été lu des ouvrages qui laissaient beaucoup à désirer ; par malheur, il ne leur a manqué ni éloges ni encouragements. Les bontés que vous m'avez fait sentir m'obligent à une éternelle reconnaissance. Que d'espérances la religion a fait naître quand il n'y avait plus rien à espérer. Les embarras que j'ai su que vous aviez ont accéléré mon départ. Les secours que vous avez prétendu que j'obtiendrais ont été illusoires. Quels sont les préparatifs qu'on a dit qu'il fallait faire ? La conduite que j'ai supposé que vous tiendriez était fort simple. La rivière a bien diminué depuis quelques jours. Les affaires que j'ai pensé qu'il conviendrait de terminer, traînent beaucoup en longueur.

Participes précédés de le peu.

172. Lorsque le participe est précédé du mot *le peu*, il suffit de connaître si le mot *peu* signifie la petite quantité de l'objet désigné par le participe, ou le manque réel de cet objet. S'il indique la petite quantité de l'objet désigné par le participe, il s'accorde avec le nom ; mais s'il indique le manque réel de cet objet, le participe reste invariable : *Elle a fait valoir le peu de talents qu'elle a reçus de la nature*, c'est-à-dire la petite quantité de *talents*. *Il a perdu sa place à cause du peu d'habileté qu'il a montré*, c'est-à-dire le manque réel d'*habileté*.

EXERCICE. — *Complétez les participes.*

Le peu d'eau que vous avez donné... à ces arbustes les a ranimé..., les a vivifié... Le peu d'activité que vous avez mis... dans cette affaire, a suffi... pour la faire réussir. Le peu de confiance qu'on lui a témoigné... a suffi... pour lui rendre courage. Le peu de confiance que vous leur avez témoigné... les a découragé... Au peu de bonnes raisons que vous m'avez donné..., j'opposerai le peu de lumières que j'ai reçu... de la nature. D'où viennent ces difficultés, si ce n'est du peu d'application qu'on y a donné... jusqu'ici ? La perte de la bataille est attribué... au peu d'habileté qu'a montré... le général. Le peu de capacité que Christine avait trouvé... en son ministre ne l'avait pas empêché..

de lui confier le soin de ses affaires. Nos guerriers gagnèrent la petite ville voisine, où il n'y avait point à craindre le peu d'habitants que la guerre y avait laissé... Cette jeune personne regagne par beaucoup d'application le peu de moments qu'elle a perdu... Le peu de troupes qu'il a ramassé..., ont tenu ferme dans leur poste. Le peu de nourriture qu'il avait pris... l'avait fait tomber dans une faiblesse extrême, d'où le peu d'aliments que nous lui avons donné... l'ont enfin heureusement tiré... Avec le peu d'activité qu'ils ont toujours eu, ils ne peuvent guère espérer de réussir. Votre peu d'ambition n'a pas été reconnu.... et je m'étonne du peu d'impartialité qu'on a mis... à vous juger.

QUESTIONNAIRE. — *160. Qu'appelle-t-on participe? — 161. Qu'est-ce que le participe présent, et comment le distingue-t-on? — 162. Comment distingue-t-on l'adjectif verbal du participe présent? — 163. Quel est l'accord du participe passé adjectif? — 164. A combien de règles sont assujettis les participes! — 165. Comment s'accorde le participe passé accompagné du verbe être? —166. Comment s'accorde le participe passé accompagné du verbe avoir?—167. Comment les participes des verbes pronominaux accidentels rentrent-ils dans la deuxième règle? — 168. Comment les participes précédés de l' rentrent-ils dans la deuxième règle? — 169. Comment les participes passés précédés de en rentrent-ils dans la deuxième règle? — 170. Comment les participes suivis d'un infinitif rentrent-ils dans la deuxième règle? — 171. Quels sont les participes invariables? — 172. Quelle règle suit le participe précédé de le peu?*

CHAPITRE VIII.

De l'adverbe.

173. Les adverbes s'emploient ordinairement sans complément : *On ne peut pénétrer dans ce jardin, mais on peut se promener alentour.*

174. *Dessus et dessous* sont ordinairement adverbes : *Hérode fit tuer tous les enfants de deux ans et au-dessous.*

Mais *dessus et dessous* deviennent prépositions et peuvent avoir un complément dans deux cas :

1° Lorsqu'ils sont précédés de la préposition *de* ou *par* : *Saint Louis portait un cilice par dessous ses vêtements royaux.*

2° Lorsqu'ils sont liés par une des conjonctions *et, ni, ou* : *Le vent a fait voler vos dessins dessus et dessous la table.*

175. *Plus* est inséparable de la conjonction *que* : *La paresse est plus dangereuse que la vanité.*

Davantage et auparavant ne sont au contraire jamais suivis de la conjonction *que* ni de la préposition *de* : *La vanité est dangereuse, mais la paresse l'est davantage. Alexandre donna à Cyrus un royaume plus grand que celui qu'il avait auparavant.*

176. *Plus tôt* opposé à *plus tard* s'écrit en deux mots : *Il arriva plus tôt que les autres.*

Plutôt en un seul mot exprime la *préférence :* *De ces deux objets prenez plutôt celui-là.*

EXERCICE. — *Analysez les adverbes et orthographiez plus tôt et plutôt.*

Il y a des animaux dedans et dessus la terre. Tous les maux sont depuis longtemps hors de la boîte de Pandore ; mais l'espérance est encore dedans. Les esprits de ce temps sont tous blancs au dehors et tous noirs au-dedans. Hier j'avais mille affaires dans la maison, je sortis et je demeurai tout le jour dehors. Il n'y a rien que je déteste plus que de blesser la vérité. Fénelon disait : J'aime mieux mes amis que moi-même, et plus mes parents que mes amis. Le Télémaque a fait quelques imitateurs ; les Caractères de la Bruyère en ont produit davantage. Il ne faut employer aucun terme dont on n'ait auparavant expliqué le sens. Plu... souffrir que mourir est la devise des hommes. Le travail fait la félicité des humains plu... que leur misère. Les soldats périrent plu... que de se rendre. Les Brachmanes font plu... une secte qu'un peuple, et leur religion, quoique très-ancienne, ne s'est guère étendue au-delà de leurs écoles. Mentor persuada à Idoménée qu'il fallait au plu... chasser les étrangers qui habitaient l'île de Crète. La langue paraît gagner tous les jours, mais le style se corrompt bien davantage. A mesure que nous sommes heureux, nous voulons l'être davantage. Chacun s'égare, et le moins imprudent est celui qui plu... se repent. Une grande naissance ou une grande fortune annonce le mérite et le fait plu... remarquer. Que ceux qui combattent la religion apprennent auparavant à la connaître.

---

177. *De suite* signifie successivement, sans interruption : *Il marche six jours de suite.*

Tout de suite signifie sur le champ, sans délai : *Levez-vous tout de suite.*

Cependant ces deux expressions peuvent souvent être employées l'une pour l'autre. Ainsi l'on peut dire : *J'ai fait vingt lieues de suite* ou *tout de suite.*

178. *Si, très-bien, bien* ne peuvent se placer que devant des adjectifs ou d'autres adverbes, ainsi l'on ne dit pas : *Il était si en colère, j'ai très-faim,* mais dites : *Il était si fort en colère, j'ai extrêmement faim, cette personne a un caractère bien doux.*

179. *Tout à coup* signifie soudainement, en un moment : *Dieu changea tout à coup le cœur du roi.*

Tout d'un coup signifie tout en une fois : *Il gagna mille écus tout d'un coup.*

EXERCICE. — *Placez les adverbes tout à coup et tout d'un coup, de suite et tout de suite.*

Le jour de la Pentecôte les apôtres entendirent tout... comme le bruit d'un vent impétueux, et ils virent tout... des langues de feu. Ceux qui ne sauraient penser longtemps ... suite sur la même chose n'ont que l'inconstance en partage. Le lynx ne court pas … suite comme le loup. Pygmalion ne couchait jamais deux nuits … suite dans la même chambre de peur d'être égorgé. Un étourneau peut apprendre à parler indifféremment français, allemand, latin, grec et à prononcer… suite des phrases un peu longues. Nous étions si accablés de fatigue que nous gagnâmes … suite une habitation commode qui nous avait été préparée. Le général vola … suite au camp et harangua ses troupes. On ne peut rien vous dire sans que vous vous échauffiez … suite. Cette étonnante nouvelle retentit … coup comme un éclat de tonnerre. La raison et la charité mûrirent … coup en elle. … coup une noire tempête enveloppa le ciel et irrita toutes les ondes de la mer. La confiance et l'amitié naissent … coup entre les personnes de même caractère. La nuit survint … coup.

---

180. *Pire* est l'opposé de meilleur. *Pis* est l'opposé de mieux : *Le pire des états est l'état provisoire. Rien n'est pis qu'une mauvaise langue.*

Ici et *là* ne doivent pas ordinairement être suivis de l'adverbe *où*. Ne dites pas : *C'est là où je le vis, c'est là où il mourut* ; dites : *C'est là que je le vis, c'est là qu'il mourut.*

EXERCICE. — *Placez les adverbes pire et pis, ici et là.*

On n'appréhende rien…, quand on a fait son devoir. On aime les jeunes personnes simples et modestes ; car rien n'est pi... que la dissimulation et la hardiesse. ... la vertu est respectée ! ... elle est pratiquée dans toute sa pureté ; j'en conclus que ces lieux sont bénis du Ciel. Louis XI était pi... que Tibère. Souvent la peur d'un mal nous conduit dans un pi... Qu'y a-t-il de meilleur que la langue ? Qu'y a-t-il de pi... Vous êtes pi... qu'un hérétique. Je me porte le mieux du monde. — Tant pi... cette grande santé est à craindre. On fait pi... en voulant mieux faire ... le vigneron effeuillait le cep sur une colline pierreuse ; le cultivateur appuyait les branches des arbres trop chargés. ... le camp paraissait inquiet à la vue des manœuvres de l'ennemi ; ... les officiers réunis semblaient se consulter.

---

181. Les adverbes de négation sont : *ne,* négation la plus faible ; *ne pas,* expression moyenne ; *ne point,* expression la plus forte : *Je n'ose avancer, je n'ose pas avancer, je n'ose point avancer.*

182. On ne doit pas mettre la négation *ne* après *avant que, sans que* et *défendre,* dites : *Avant qu'il sorte, sans que je lui parle, j'ai défendu qu'il fît cette chose.,* et non pas : *Avant qu'il ne sorte, sans que je ne lui parle, j'ai défendu qu'il ne fît cette chose.*

183. On emploie toujours la négation *ne* : 1° après les verbes *empêcher* et les conjonctions *à moins que, de crainte, de peur que* : *Qui empêche qu'il ne vienne. J'irai la voir à moins qu'elle ne vienne.*

2° Après les verbes *appréhender, avoir peur,*

craindre, redouter, trembler et les adjectifs ou adverbes *autre, autrement, plus, moins, mieux*, à moins
que la phrase ne soit négative ou interrogative :
*Je crains qu'elle ne vienne. Elle est tout autre qu'elle
n'était. Je ne crains pas, crains-tu qu'elle vienne?
Elle n'est pas autre, est-elle autre qu'elle était?*

3° Après les verbes *appréhender, avoir peur,
craindre, redouter*, on met *ne... pas* au lieu de
ne, quand on souhaite l'accomplissement de la chose
exprimée par le second verbe : *Je crains qu'elle
ne vienne pas.*

4° On n'emploie *ne* après *désespérer, disconvenir,
douter, nier* et *tenir* (employé impersonnellement)
que lorsque la phrase est négative ou interrogative :
*Je doute qu'elle vienne, je ne doute pas, qui doute
qu'elle ne vienne?*

184. Pour connaître si l'on doit placer l'adverbe
de négation *ne* après le pronom *on* lorsque le verbe
commence par une voyelle, il faut essayer de remplacer le verbe commençant par une voyelle par
un autre verbe dont la première lettre soit une consonne. *On n'aborde son ennemi qu'en tremblant.*
En changeant le verbe, on dirait : *On ne regarde
son ennemi qu'en tremblant,* la négation *ne* est de
rigueur.

EXERCICE. — *Indiquez les locutions qui exigent
ou rejettent la négation* ne.

Les pères craignent que l'amour naturel des enfants ne s'efface. Vous avez bien peur que je ne
change d'avis. Il doit appréhender que cette occa-

sion ne lui échappe. Tremble que je ne dévoile tes fourberies à tes bienfaiteurs ! Je ne doute pas que la vraie dévotion ne soit la source du repos. On ne peut guère douter que les animaux actuellement domestiques, n'aient été sauvages auparavant. On ne peut pas douter que les pôles ne soient couverts d'une coupole de glace. On ne peut nier que l'autre vie ne soit désirable. On ne saurait contester que la diversité des méthodes ne brouille les commençants. Vous ne sauriez disconvenir qu'il ne vous ait parlé. Gardez qu'une voyelle à courir trop hâtée, ne soit d'une voyelle en son chemin heurtée. Le roi défendit qu'aucun étranger entrât dans la ville. L'Ecriture nous fait voir la terre revêtue de toutes sortes de plantes, avant que le soleil ait été créé. Peut-on être heureux sans qu'il en coûte rien ? Ne nous livrons pas trop, de crainte qu'on ne nous trompe. Et que sert d'amasser, à moins qu'on ne jouisse ! Avant que les nations fussent converties, tout n'était pas accompli. La poésie est plus naturelle à l'homme qu'on ne le pense. La plus heureuse vie a moins de plaisirs qu'elle n'a de peines. Il a été mieux reçu qu'il ne croyait.

QUESTIONNAIRE. — *173. Les adverbes s'emploient-ils sans complément? — 174. Qu'y a-t-il à remarquer sur* dessus *et* dessous? *— 175. Que remarque-t-on sur les adverbes* plus, davantage *et* auparavant ?*— 176. Qu'y a-t-il à remarquer sur* plus tôt *et* plutôt ? *— 177. Que signifient les locutions* de suite *et* tout de suite?

— 178. *Devant quelles sortes de mots si, très, bien, peuvent-ils se placer?*— 179. *Que signifient les locutions* tout à coup, tout d'un coup? — 180. *Qu'y a-t-il à remarquer sur* pire, pis, ici, là? — 181. *Quels sont les adverbes de négation?* — 182. *Doit-on mettre la négation* ne *après* avant que, sans que *et* défendre? — 183. *Qu'y a-t-il à remarquer sur l'emploi de la négation?* — 184. *Comment peut-on connaître si l'on doit placer l'adverbe de négation* ne *après le pronom* on, *lorsque le verbe commence par une voyelle?*

CHAPITRE IX.

De la Préposition.

185. Les prépositions ont toujours un complément exprimé ou sous-entendu : *Elle a parlé pour et contre vous. Il est parti avant moi. Il est autour de la maison.*

Les adverbes n'ont jamais de complément : *Il vous avait vu six semaines auparavant.*

186. Les prépositions *vis-à-vis, proche, en face, près* doivent être suivies de la préposition *de : vis-à-vis de Fourvière. Il est près de, proche de, en face de l'Église.* Cependant, l'usage permet de supprimer *de* dans le style familier : *Vis-à-vis l'Eglise, proche le palais, en face les Tuileries.*

Il ne faut pas employer *vis-à-vis* dans le sens

d'*envers*, *à l'égard de*, ni *contre* pour *près de.* Ne dites pas : *Il s'est montré ingrat vis-à-vis ses parents.* *Il a passé contre moi.* Dites : *envers ses parents.* *Il a passé près de moi.*

187. *Au travers* doit être suivi de la préposition de et *à travers* la rejette : *Au travers des ennemis.* *A travers les ennemis.*

188. *Près de* signifie sur le point *de* : *Les beaux jours sont près de finir.*

Prêt à signifie disposé à : *L'ignorance est toujours prête à s'admirer. Celui qui est près de mourir n'est pas toujours prêt à mourir.*

Près de exprime la proximité et *auprès de* l'assiduité *: Je l'ai vu près du temple. Ma fille, prends auprès de moi ta place accoutumée.*

EXERCICE. — *Placez les prépositions près de, prêt à, au travers et à travers, et analysez les autres prépositions.*

Jour et nuit, un homme de mer est le jouet des éléments, le feu est toujours prè... consumer son vaisseau, l'air prè... le renverser, l'eau prè... le subjuguer et la terre prè... le briser. Où un enfant peut-il être mieux qu'... prè... sa mère. La mort ne surprend pas le sage, il est toujours prè... partir. La religion est pour tous une mère tendre et son cœur en tout temps est prè... nous entendre. Je suis prè... soutenir mon sentiment jusqu'à la dernière goutte de mon encre. Tout le temps qu'il a habité Paris, il a demeuré prè... Palais-Royal. Je m'assis sur un petit banc de gazon vis-à-vis une ruche dont les abeilles voltigeaient en bourdonnant de tous côtés. Le souverain n'a qu'un seul devoir à remplir envers l'Etat, c'est de faire observer la loi. Le sable de la mer Caspienne est si subtil que chez les Turcs il est établi en proverbe qu'il pénètre ... travers ... la coque d'un œuf. Le mensonge est transparent : avec de l'attention on peut voir ... travers ; mais la vérité, de quelque côté qu'on la regarde, est toujours la même. Nous passâmes ... travers ... écueils et nous vîmes de près toutes les horreurs de la mort. J'ai une maison de campagne en face de la vôtre. Je loge proche de l'église.

---

189. *Avant, devant* s'emploient souvent l'un pour l'autre : *Un mot placé avant ou devant un autre.*

190. *Entre* s'emploie quand il s'agit de deux ou de plusieurs objets : *Il y a entre le père, la mère et les enfants une grande différence de caractère.*

Parmi s'emploie lorsqu'il s'agit de plusieurs objets représentés par un nom pluriel ou par un singulier collectif : *Parmi les honnêtes gens. Parmi le peuple.*

191. *Quant à* est une locution prépositive qui signifie : *pour ce qui est de, à l'égard de* : *Quant à moi, j'y consens, mais quant à lui, il s'y refuse.*

Quand est un adverbe qui signifie : *lorsque* : *On était à table quand il arriva.*

EXERCICE. — *Analysez ces prépositions.*

Il n'est point de liaisons durables parmi les hommes, si elles ne sont fondées sur le mérite et la vertu. Il faut payer ses dettes, le salaire des artisans, les gages de ses domestiques, avant que de faire des charités. Avant d'écrire apprenez à penser. Quant à moi, je ne puis dire ce que je ferai. Quels progrès ne fait-on pas dans l'étude, quand on travaille avec persévérance. Quant à la cour de Louis XIV et à son siècle, je n'en ai pas fait encore une étude bien approfondie. Quant à cette affaire, je m'en inquiète peu. J'aime quand on dit oui pour oui, non pour non. On fortifie son âme quand on prie. Je ne viens point chercher le bonheur parmi vous. Quel espace immense entre Dieu et sa créature. Soldats, ne reculez jamais devant l'ennemi. Il se taira devant vous. Il y a eu diversité d'opinions entre les juges. Il y a maintenant peu de foi parmi les hommes.

---

192. *Voici* se rapporte à ce qui suit : *Voici le code de l'égoïste: tout pour lui.*

Voilà se rapporte à ce qui précède : *Veiller, régner sur soi, fuir ou vaincre le vice : voilà de la vertu le plus noble exercice.*

193. *Malgré* est une préposition qui veut toujours un complément exprimé : *Malgré mon amitié, malgré lui, malgré son intérêt. Malgré que* est une faute, hors cette expression : *Malgré qu'il en ait.*

194. Les prépositions *à, de, en,* se répètent ordinairement avant chaque régime : *Quand jouirons-nous de la paix, de la tranquillité ?*

195. *En* se met devant les noms employés sans article : *En France.*

Dans se met devant les noms précédés de l'article : *Dans la France.*

196. Les locutions *auprès de* et *au prix de* expriment chacune une idée de comparaison ; mais *auprès de* marque en général la différence ; tandis que *au prix de* marque le prix, la valeur, le mérite particulier des objets comparés : *La terre n'est qu'un point auprès du reste de l'univers. L'intérêt est vil au prix du devoir.* Il faut remarquer que *auprès de* peut quelquefois s'employer pour *au prix de*, mais *au prix de* ne peut jamais remplacer *auprès de*.

EXERCICE. — *Analysez les prépositions.*

La sotte vanité, voilà notre misère. Ignorer et souffrir, voilà le sort des hommes. Voici trois choses qui peuvent nous tenir lieu de médecin : la gaîté, le repos et la diète. Juger les autres en toute rigueur, se pardonner tout à soi-même, voilà deux mortelles maladies qui affligent le genre humain. Voici le fait, je vous le dis tel qu'il s'est passé. De ces deux parts, voici la vôtre, voici la mienne. L'homme droit et ferme est toujours prêt à servir la patrie, à protéger le faible, à remplir les devoirs les plus dangereux, et à défendre, en toute rencontre juste et honnête, ce qui lui est cher au prix de son sang. Le génie est le don d'inventer et d'exécuter d'une manière neuve et originale. Nous voyagerons en France, en Angleterre et en Italie. Tout soldat est grand dans un jour de victoire. Je connais le peuple, je sais qu'on le change en un jour.

Si l'homme est coupable, il n'a pour se juger qu'à descendre en lui-même et qu'à s'interroger. Qui peut pénétrer dans le cœur des humains? Quelles sont les peines du corps auprès des tourments de l'âme? Tous les ouvrages de l'homme sont vils et grossiers, auprès des moindres ouvrages de la nature, auprès d'un brin d'herbe, de l'œil d'une mouche. Ce service n'est rien au prix de celui que vous m'avez rendu. Le bois le plus funeste et le moins fréquenté est auprès de Paris un lieu de sûreté.

QUESTIONNAIRE. — 185. *Comment peut-on distinguer les prépositions des adverbes? —* 186. *Qu'y a-t-il à remarquer sur les prépositions* vis-à-vis, proche, en face, près*? —* 187. *Quelle différence fait-on entre* au travers *et* à travers*? —* 188. *Les prépositions* prêt à *et* près de *peuvent-elles s'employer l'une pour l'autre?—* 189. *Quelle remarque y a-t-il à faire sur les prépositions* avant, devant*? —* 190. *Qu'y a-t-il à remarquer sur les prépositions* entre, parmi*? —* 191. *Quelle remarque y a-t-il à faire sur* quant à *et* quand*? —* 192. *Qu'y a-t-il à remarquer sur* voici, voilà*? —* 193. *Que remarque-t-on sur* malgré*? —* 194. *Doit-on répéter les prépositions* à, de, en*? —* 195. *Que remarque-t-on sur* en, dans*? —* 196. *Que remarque-t-on sur* auprès de *et* au prix de*?*

CHAPITRE X.

De la Conjonction.

197. Les conjonctions *ni, soit, soit que* se répètent dans chacune des phrases qu'elles servent à lier : *soit raison, soit indifférence, soit clémence, soit justice. Il n'a ni foi ni loi. Soit qu'il vive soit qu'il meure.*

198. Il n'est pas d'usage de répéter les conjonctions *comme, lorsque, puisque, quand, quoique, si,* etc. ; on les remplace par *que : Comme il vous a trompé et qu'il pourrait vous tromper encore, vous ne sauriez trop vous en défier. Puisqu'on plaide, qu'on meurt et qu'on devient malade, il faut des médecins, il faut des avocats.*

199. Les adverbes *plus, mieux, moins, autant* répétés ne doivent point être unis par la conjonction *et : Plus je lis Racine, plus je l'admire. Moins je parle, moins j'ai envie de parler.*

200. *Quoi que* en deux mots (*quoi* pronom et *que* conjonction) signifie *quelque chose que : Quoi que vous écriviez, évitez la bassesse.*

Quoique en un mot est une conjonction et signifie *bien que : Quoique l'Evangile propose à tous la même doctrine, il ne propose pas à tous la même règle.*

201. *Parce que* conjonction s'écrit en deux mots et signifie *attendu que : Là tout est beau parce que tout est vrai*, c'est-à-dire *attendu que tout est vrai.*

Par ce que préposition, pronom et conjonction s'écrit en trois mots et signifie : *par cela que, par la chose que : Par ce qu'il m'a dit, j'ai deviné ce qu'il était forcé de me taire*, c'est-à-dire *par la chose qu'il m'a dite.*

202. *Quand* est conjonction quand il sert à unir deux membres de phrase : *J'aurai terminé mon travail quand vous viendrez.*

Quand est adverbe d'interrogation lorsqu'il sert à interroger : *Quand viendrez-vous ?*

EXERCICE. — *Analysez les conjonctions et orthographiez quoique et parce que.*

On n'est jamais si heureux et si malheureux qu'on se l'imagine. Dès qu'on se sent en colère, il ne faut ni parler ni agir. L'Evangile ne connaît ni pauvre, ni riche, ni noble, ni roturier, ni libre, ni esclave. Soit vanité, soit faiblesse, soit raison, tous les grands rois ont regardé la splendeur comme inséparable du diadème. Quoi... dans nos cœurs imprime la nature, son trait ne s'efface jamais. Il faut s'acquitter de son devoir quoi... il en coûte. La fortune soit bonne ou mauvaise, soit passagère ou constante ne peut rien sur l'âme du sage. Soit en bien, soit en mal, mon ami, la prudence dit qu'il faut rarement juger sur l'apparence. Soit qu'on le punisse, soit qu'on le pardonne , on n'obtient jamais rien de lui. En ces lieux, tout est beau par... tout est bon. M. de Montansier était respecté par... il était juste, aimé, par... il était bienfaisant et quelquefois craint par... il était sévère et irréprochable. Rien n'éblouit les grandes âmes par... rien n'est plus haut qu'elles ; la fierté ne prend donc sa source que dans la médiocrité. La mémoire de Henri IV est et sera toujours chère aux Français, par... qu'il mettait sa gloire et son bonheur à rendre son peuple heureux. J'aime à me promener, quand le soleil se lève. Quoi... le ciel soit juste, il permet souvent que l'iniquité triomphe. Quoi... je puisse à peine suffire à mon travail, je vous aiderai néanmoins. Quand viendrez-vous nous visiter? Soit que vous mangiez, soit que vous buviez, faites tout au nom de Jésus-Christ. S'il faut agir par... vous dites, je ne sais trop ce que nous ferons. Si l'on juge de vous par... vous faites, l'on vous estimera peu. On peut modifier son caractère, quand on le veut. Quand terminerez-vous vos études de botanique?

QUESTIONNAIRE. — 197. *Doit-on répéter les conjonctions ni, soit, soit que? —198. Doit-on répéter les conjonctions comme, lorsque, puisque, quand, quoique, si, etc. ?—199. Fait-on usage de la conjonction et avant les adverbes plus, mieux, moins, autant, répétés? — 200. Quelle différence y a-t-il entre quoique et quoi que? — 201. Quelle différence y a-t-il entre parce que et par ce que? — 202. Quelle remarque y a-t-il à faire sur quand?*

CHAPITRE XI.

De l'Interjection.

203. *Ah !* s'emploie pour marquer la joie, l'admiration, la peine : *Ah ! quel plaisir ! Ah ! quelle magnificence ! Ah ! quel coup affreux !*

Ha ! indique la surprise : *Ha ! Je ne vous voyais pas.*

Eh ! exprime la douleur, la plainte et s'emploie dans les phrases interrogatives : *Eh ! qui n'a pas pleuré quelque perte cruelle !*

Hé ! s'emploie pour attirer l'attention, mais il sert le plus souvent à appeler : *Hé ! que ne le disiez-vous. Hé ! arrivez donc. Eh !* appartient au style noble, *hé* au style familier.

204. *O* s'emploie quand on s'adresse à quelqu'un : *O vous, qui m'écoutez ! O Richard, ô mon roi, l'univers t'abandonne !*

Oh ! marque la surprise, l'admiration, l'exaltation : *Oh ! qu'il est cruel de n'espérer plus ! Oh ! pour le coup, j'avais tort !*

Ho ! exprime la surprise, l'étonnement et sert aussi à appeler : *Ho ! dites-moi. Holà ! ho ! descendez que l'on ne vous le dise, jeune homme qui menez laquais à barbe grise.*

EXERCICE. — *Orthographiez les interjections.*

Je suis libre, dites-vous ; e... connaît-on la liberté quand on est soumis à ses passions ! Va-t'-en loin de nous , o... cruelle guerre, toi qui ravageas nos fertiles campagnes. O... le triste talent qu'un talent emprunté ! A... que de la vertu les charmes sont puissants ! E... qui n'a pas pleuré une perte cruelle ! A... Monsieur est Persan ! O... France, ô ma patrie, quand te reverrai-je ? O... que la nature est sèche quand elle est expliquée par des sophistes ! O... o... les grands talents que vous possédez ! A... miséricorde, quelle peine vous me faites ! Crésus sur le bûcher s'écria : o... Solon, o... Solon ! E... venez donc, je veux vous charger d'une affaire ! A... vous voilà, je ne vous attendais point.

QUESTIONNAIRE. — 203. *Que remarque-t-on sur l'orthographe des interjections* ah ! ha ! eh ! he ! — 204. *Que remarque-t-on sur* ô, oh ! ho !

CHAPITRE XII.

Des Figures de Syntaxe.

205. On appelle *figures de syntaxe* certaines formes de phrase dans lesquelles la construction grammaticale n'est pas observée. Les figures de syntaxe

sont l'*ellipse*, le *pléonasme*, la *syllepse* et l'inversion.

206. L'*ellipse* est une figure de construction qui consiste à supprimer un ou plusieurs mots afin de rendre le discours plus énergique, plus rapide, plus concis, mais elle ne doit rien ôter à la clarté du sens : *Celui qui rend un service doit l'oublier, celui qui le reçoit s'en souvenir*, c'est-à-dire *doit s'en souvenir*. *Le flambeau de la critique ne doit pas brûler mais éclairer*. C'est-à-dire *il doit éclairer*.

207. L'*ellipse est vicieuse :* 1° Lorsque le verbe sous-entendu n'est pas au même temps, à la même phrase que celui du membre de phrase où il est exprimé. Ainsi on ne dira pas avec un poète.

J'eusse été près du Gange esclave des faux Dieux, Chrétienne dans Paris, musulmane en ces lieux.

parce que le verbe sous-entendu devant musulmane est : *je suis*.

2° Quand on supprime le verbe en passant du sens négatif au sens affirmatif : *La vie pour le vrai chrétien n'est qu'un temps d'épreuve, et la mort le passage à une éternité bienheureuse.* Il faudrait : *est le passage à une éternité bienheureuse*.

208. Le *pléonasme* consiste en une surabondance de mots qui, signifiant la même chose, donnent plus d'énergie au discours : *Je l'ai vu, de mes yeux. Je lui ai dit, à lui-même. Louis XII, le bon Louis XII mérita le surnom de père du peuple.*

209. Le *pléonasme est vicieux* quand il n'ajoute

au discours ni plus de clarté, ni plus de force, ni plus d'énergie. Tels sont les exemples suivants : *Voyons voir votre montre. On l'a forcé malgré lui de renoncer à son entreprise. Il m'est impossible de pouvoir vous satisfaire. Reculez en arrière. Nous éprouvâmes une tempête orageuse. Sa lettre est remplie d'une foule de fautes. Ils s'entr'aident mutuellement.*

EXERCICE. — *Rétablissez les parties sous-entendues dans les phrases elliptiques et supprimez les pléonasmes.*

L'avarice produit quelquefois la prodigalité, et la prodigalité l'avarice. Grenouilles aussitôt de sauter dans les ondes ; Grenouilles de rentrer dans leurs grottes profondes. Le sage sort de la vie comme d'un banquet. Je vais d'où l'on ne revient pas. Mon Dieu m'ordonne de te pardonner ; le tien de te venger. C'est Dieu qui chaque jour soutient notre existence, comment payer ses dons ? Par la reconnaissance. Ainsi dit le renard, et flatteurs d'applaudir. Serviteur, dit-il, et de courir. On lit en lettres d'or sur le frontispice du Panthéon : Aux grands hommes, la patrie reconnaissante. Il n'est pour le vrai sage aucun revers funeste : en perdant toutes choses, à soi-même il se reste. On cherche les rieurs et moi je les évite. Le cinquième jour, Dieu créa les oiseaux qui volent dans l'air et les poissons qui nagent dans les eaux. Il se tait et garde le silence. Voyons voir ce que vous apportez. Madame de Sévigné comparait les fables de La Fontaine à un panier de cerises : d'abord, disait-elle, on veut

ne manger seulement que les plus belles, puis ensuite on finit par ne rien laisser du tout.

---

210. La *Syllepse* est une figure qui règle l'accord des mots, non d'après les règles grammati-
cales, mais conformément aux vues particulières
de l'esprit, c'est par syllepse qu'on fait accorder le
verbe avec le substantif qui suit le collectif partitif :
La plupart des hommes recherchent les biens pré-
sents, et négligent l'acquisition de ceux de l'éternité.
Recherchent et négligent ne sont point mis en rapport avec *la plupart*, mais avec le mot *hommes*,
parce que l'esprit n'envisage que ce dernier mot.

211. L'*inversion* consiste dans le déplacement
des mots ou dans la transposition des propositions : *Dans le bon témoignage de la conscience,*
consiste le bonheur de l'homme. A Dieu seul appar-
tient la gloire. La plus excellente vertu est la cha-
rité. Toujours de la vertu remplissez les devoirs.

212. L'*inversion est vicieuse* quand elle présente
une construction qui blesse le goût de l'harmonie.
On doit rarement faire usage de l'inversion, mais
elle est très-usitée en poésie.

EXERCICE. — *Rétablissez les phrases selon l'or-*
dre grammatical.

Quand le peuple hébreu entra dans la terre pro-
mise, tout y célébra leurs ancêtres. La plupart
emportés d'une fougue insensée, toujours loin du
droit sens vont chercher leurs pensées. Tout

Vienne s'est levé comme un seul homme à l'approche des Turcs. Quand l'âge leur eut donné l'instinct de chercher eux-mêmes leur proie, cette famille de lions se dispersa dans les bois. Moïse eut recours au Seigneur et lui dit : Que ferai-je à ce peuple ? bientôt ils me lapideront. Il est six heures. C'est un sage législateur qui, ayant donné à sa nation des lois propres à les rendre bons et vertueux, leur fit jurer qu'ils ne violeraient jamais aucune de ses lois pendant son absence. L'homme de la nature est le chef et le roi. Ainsi finit la comédie. Trop de promptitude à l'erreur nous expose. L'Eternel en ses mains tient nos destinées. Vos conseils, sur mon cœur, n'ont eu que trop d'empire. Son indiscrétion de sa perte fut cause. A ce maître nouveau tout le peuple obéit.

QUESTIONNAIRE. — *205. Qu'appelle-t-on figures de syntaxe ?— 206. Qu'est-ce que l'ellipse ?— 207. Dans quels cas l'ellipse est-elle vicieuse ? — 208. En quoi consiste le* pléonasme *? — 209. Dans quels cas le pléonasme est-il vicieux ? — 210. Qu'est-ce que la* syllepse *? — 211. En quoi consiste l'*inversion*? — 212. Dans quels cas l'inversion est-elle vicieuse ?*

CHAPITRE XIII.

Ponctuation.

213. La *Ponctuation* est l'art d'indiquer dans le discours écrit, au moyen de certains signes, les pauses que le sens exige et que l'on doit faire en lisant.

214. La ponctuation sert à distinguer les phrases et les membres qui les composent ; elle en rend la lecture plus facile et le sens plus clair. Elle repose donc sur deux principes : le sens des phrases et le besoin de la respiration.

215. Les signes de ponctuation sont : la virgule, le point-virgule, les deux points, le point, le point interrogatif, le point exclamatif, les points de suspension, le trait de séparation, la parenthèse et les guillemets.

De la virgule.

216. La *Virgule* indique la pause la plus légère. On l'emploie :

1° Entre les sujets d'un même verbe : *La richesse, le plaisir, la santé deviennent des maux pour ceux qui en abusent.*

2° Entre les attributs ou régimes de même nature : *La charité est douce, patiente, bienfaisante.
Il faut régler ses goûts, ses travaux, ses plaisirs.*

3° Entre plusieurs verbes se rapportant au même
sujet : *Cet enfant pleure, hésite et bégaye.*

4° Entre les propositions lorsqu'elles ont peu
d'étendue : *Je suis venu, j'ai vu, j'ai vaincu.*

5° Avant ou après toute réunion de mots, ou
tout mot qu'on peut retrancher sans dénaturer le
sens de la phrase. Telles sont les propositions
incidentes explicatives, les mots en apostrophe,
les régimes indirects qui expriment une circonstance dont le verbe peut à la rigueur se passer :
*Le temps qui change tout, change aussi nos désirs.
Un ami, don du ciel, est le vrai bien du sage. Vous
voyez, Télémaque, la puissance des Phéniciens.
Et que me fait, à moi, cette Troie où je cours ?*

6° Après une incidente déterminative : *L'autorité
qu'on méprise, est bientôt bravée.*

7° Pour remplacer un verbe sous-entendu : *Le
printemps donne des fleurs, et l'automne, des fruits.*

8° Lorsqu'il y a inversion de complément ou de
proposition. *De tous les plaisirs, le plus délicieux
est celui d'une bonne action. Lorsqu'on a la conscience pure, on ne craint pas la calomnie.*

217. Remarque. — On ne met point de virgule
entre deux noms, deux adjectifs ou deux verbes
qui sont unis par une des conjonctions *et, ou, ni ;*
à moins que les phrases n'aient trop d'étendue :
L'imagination et le jugement ne sont pas toujours

d'accord. L'aigle romaine était d'or ou d'argent. Ni l'or ni les grandeurs ne nous rendent heureux. Fénelon réunissait à la fois et l'esprit, et la science, et la douceur, et la vertu.

EXERCICE. — *Mettez les virgules.*

Les plaisirs de l'esprit la tranquillité de l'âme la joie la satisfaction intérieure se trouvent aussi souvent à la suite d'une médiocre fortune que dans le cortége des rois. Tôt ou tard la vertu les grâces les talents sont vainqueurs des jaloux et vengés des méchants. L'esprit les talents le génie procurent la célébrité ; la vertu seule donne la félicité. Naître croître stationner et décroître sont les phases de la vie. Vous ignorez mes peines mes chagrins mes douleurs. Cette jeune personne travaille pour subvenir à ses besoins pour soulager ses amies pour secourir les pauvres. A la mort de Sésostris chaque famille croyait avoir perdu son protecteur son meilleur ami son père. La fortune des riches la gloire des héros la majesté des rois tout finit par *ci-gît.* Le rossignol prélude charme entonne se tait. Les Gaulois assiégèrent prirent pillèrent et abandonnèrent Rome. Le ciel se couvrit d'épais nuages la pluie tomba et la terre fut inondée en un instant. Les fleuves sortent de la terre arrosent les campagnes fertilisent les plaines et vont se perdre dans l'océan. La grenouille aperçut le bœuf envia sa grosseur voulut l'imiter s'enfla et creva. Rome maîtresse du monde civilisé fut saccagée par les Barbares. La vie disait Socrate ne doit être que la méditation de la mort. Je vais d'où l'on ne revient pas. Pérsonne n'est aussi sage que nous répondit l'abeille. On cherche les honneurs et moi je les évite. Vous et celui qui vous mène vous périrez. Je vous apprendrai moi à respecter vos maîtres. Mais de vos premiers ans quelles mains ont pris soin? Daignez à mes regards cacher votre colère. Vois si de tes soupçons l'apparence est solide. L'homme qui donne à propos un bon conseil un sage avertissement une instruction utile donne plus que s'il donnait de l'or. L'ennui qui dévore les autres hommes est inconnu à ceux qui savent s'occuper par de bonnes lectures.

Du Point-virgule.

218. Le *Point-virgule* indique un repos plus long que celui de la virgule ; on l'emploie :

1° Pour séparer des phrases semblables lorsqu'elles ont une certaine étendue : *C'est par la sagesse, disait un jeune roi, que je deviendrai illustre parmi les nations ; que les vieillards respecteront ma jeunesse ; que les rois voisins me craindront ; que je serai aimé dans la paix et redouté dans la guerre.*

2° Entre les parties semblables d'une phrase déjà séparées par la virgule. *Veut-on vanter dans un poète la vigueur de l'âme, les sentiments sublimes, c'est Corneille ; la négligence aimable, c'est La Fontaine ; la sensibilité du cœur, c'est Racine. Homère est censé le père de l'épopée ; Eschyle de la tragédie ; Ésope , de l'apologue ; Pindare de la poésie lyrique et Théocrite de la poésie pastorale.*

EXERCICE. — *Mettez les virgules et les points-virgules.*

Cachée dans l'herbe la violette reste inaperçue son parfum seul la trahit et il faut chercher pour la découvrir. Humble comme la violette l'homme modeste vit dans le silence il évite le bruit il ne connaît pas l'ostentation nul ne saurait qu'il existe sans les bienfaits qu'il répand autour de lui il ne s'enorgueillit pas d'être vertueux. Dès que le sombre hiver a étendu sur la nature son manteau de neige de glace tout s'attriste plus de fleurs plus de fruits la terre garde ses trésors dans son sein la chaleur bienfaisante ne fait plus circuler dans les arbres la sève vigoureuse ils ressemblent à des troncs morts. Le bon roi aime ses sujets il se souvient que Dieu n'a pas fait les peuples pour les rois mais les rois pour les peuples il travaille sans cesse au bonheur de tous il évite la guerre il fait jouir ses états des bienfaits de la paix il apporte une grande économie dans ses dépenses aussi pas un de ses sujets n'hésiterait à mourir pour lui. Le jour éclaire le travail des hommes la nuit protége leur repos le jour est rempli de tumulte et de mille bruits divers la nuit calme et silencieuse le jour inonde la terre de lumière la nuit par son obscurité est trop souvent complice des crimes des méchants. Voir le but où l'on tend c'est jugement y atteindre c'est justesse s'y arrêter c'est sagesse le dépasser c'est folie.

Des deux points.

219. On emploie les *deux points* :

1° Après une citation : *Souvenez-vous de cet adage : aide-toi, le ciel t'aidera. Telles furent les paroles de Marie-Antoinette : J'ai tout vu, tout entendu, tout oublié.*

2° Avant une énumération et après, si elle est suivie d'une autre phrase : *On demande quatre choses à une femme : Que la vertu habite dans son cœur, que la modestie brille sur son front, que la douceur découle de ses lèvres et que le travail occupe ses mains. Travaillez, prenez de la peine : c'est le fonds qui manque le moins.*

3° Après une phrase finie, mais suivie d'une autre qui la développe ou l'éclaircit : *Vous supportez des injustices, consolez-vous : le vrai malheur est d'en faire.*

EXERCICE. — *Mettez les virgules, les points-virgules et les deux points.*

La finesse des remarques la justesse des pensées le choix des exemples tout plaît dans les synonymes de l'abbé Girard. Dire du bien de soi c'est orgueil en dire du mal c'est sottise ne parlons donc de nous ni en bien ni en mal. Les qualités de l'esprit sont brillantes celles du cœur sont solides cultivons donc notre cœur de préférence à notre esprit. Ne dites point à votre ami Allez et revenez je vous rendrai service lorsque vous pouvez l'obliger sur le champ. Un mort nous invite à la méditation et semble nous dire j'ai été comme tu es tu seras comme je suis. On demandait à Aristote ce que c'était qu'un ami Une seule âme dans deux corps répondit-il. La religion chrétienne est tout entière dans ces mots faites aux autres ce que vous voudriez qu'on vous fît. Du lait du pain des fruits de l'herbe une onde pure c'étaient de nos aïeux la simple nourriture. Guillaume Tell bande son arc vise longtemps la flèche part siffle atteint la pomme tout le monde applaudit. La France a été gouvernée par trois races de rois les Mérovingiens les Carlovingiens et les Capétiens. Rome ancienne a eu trois gouvernements la Monarchie la République et l'Empire. On demandait à un philosophe l'âge du monde il traça sur le sable un serpent qui se mordait la queue.

Du point.

220. Le *Point* s'emploie après une phrase entièrement terminée : *La France portait autrefois le nom de Gaule. Elle fut soumise aux Romains pendant 500 ans. Son nom lui vient des Francs qui s'en emparèrent dans le Ve siècle.*

Du point interrogatif.

221. On place le point interrogatif après une

phrase qui exprime l'interrogation : *Quel bras vous suspendit, innombrables étoiles ? Qu'y a-t-il de plus difficile ? De se connaître. De plus facile ? Donner des avis. De plus rare ? Un véritable ami.*

Quelquefois l'interrogation n'est que dans la pensée : *Tu n'as point d'aile et tu veux voler ? Rampe.*

Du point exclamatif.

222. Le *Point exclamatif* se place après les phrases qui expriment une émotion vive, telles que la tendresse, la pitié, la surprise, la douleur, la crainte, et après toutes les interjections : *A tous les cœurs bien nés que la patrie est chère ! Que le Seigneur est bon, que son joug est aimable ! Heureux qui dès l'enfance en connaît la douceur !*

EXERCICE. — *Mettez les points, les virgules, les points-virgules, les deux points, les points interrogatifs, les points exclamatifs.*

Hélas quel est le prix de la vertu La souffrance Voulez-vous savoir comment il faut donner Mettez-vous à la place de celui qui reçoit Comme un instant change la situation de notre âme Qui vous a si bien instruit La réflexion Perdre la liberté ô bon Dieu après elle que reste-t-il à perdre La liberté c'est la vie La servitude c'est la mort Heureux celui qui vit comme ses pères ont vécu Nous voilà libres Quel plaisir d'être en vacances Que faut-il faire pour éviter les chutes Obéir Qu'il meure et que sa gloire meure avec lui. Judas vendit son maître tomba dans le désespoir et se pendit On ne croit plus un enfant quand il a menti Les lois et les juges seraient inutiles si tous les hommes étaient vertueux A qui Dieu a-t-il donné la raison A l'homme Quel est le plus malheureux des hommes Celui qui croit l'être Hé bien malgré vous le prince a succombé docteur On est fâché mais que faut-il faire Qu'un ami véritable est une douce chose Qui peut dire Je n'ai rien à faire N'a-t-on pas toujours des devoirs à remplir des talents à perfectionner des consolations à donner des bienfaits à répandre des infortunes à soulager.

Des points de suspension.

223. On se sert des *Points de suspension* lorsque, dans un mouvement de grande passion, il y a réticence, désordre ou interruption dans le sens de la phrase. *Le malheureux Caïn s'écria, d'une voix entrecoupée par l'effroi, en voyant expirer Abel : Mon frère.... est-ce vous ?... mais non.... Dieu !... je frissonne... C'est bien lui !... Je devrais sur l'autel où ta main sacrifie te....*

Du trait de séparation.

224. Le *Trait de séparation* ou *tiret* indique le changement d'interlocuteur et sert à éviter la répétition fréquente des mots, dit-il, reprit-elle, etc.

On le distingue du trait d'union par sa ligne plus prolongée : *Eléazar se lève et plein d'un saint trans- port : Me voici : répond-il. — Que choisis-tu ?— La mort. — Tu mourras. — Frappe... Hé quoi ! ty- ran la main balance?*

De la Parenthèse.

225. La *Parenthèse* sert à renfermer certains mots isolés qu'on pourrait retrancher, mais qui ser- vent à l'éclaircissement d'une phrase : *Mais un fri- pon d'enfant (cet âge est sans pitié) prit sa fronde, et d'un coup tua, plus d'à-moitié, la volatille mal- heureuse.*

Des Guillemets.

226. On place les *Guillemets* au commencement et à la fin d'une citation, et souvent au commen- cement de chaque ligne qui la compose.: *Henri IV répondit à ceux qui lui conseillaient de prendre d'assaut la ville de Paris :* « *Je suis le vrai Père de mon peuple ; oui, j'aimerais mieux n'avoir point de Paris, que de l'avoir tout ruiné.* »

De l'Alinéa.

L'Alinéa consiste à recommencer le nouvel ar-

ticle à la ligne suivante dont on rentre un peu le
premier mot.

EXERCICE. — *Mettez les points de suspension,
de séparation, les parenthèses, les guillemets, ainsi
que les autres signes de ponctuation et les alinéas.*

L'homme dit je sais tout et j'ai tout défini J'ai
pour loi la raison pour bornes l'infini L'étude me
ravit à des hauteurs sublimes De ce globe étonné
j'ai sondé les abîmes Est-il quelques secrets cachés
au fond des cieux que n'ait point pénétré mon regard curieux Moins fier de sa raison il eût mieux
dit peut-être J'ai su tout expliquer ne pouvant tout
connaître Où porté-je mes pas d'où vient que je
frissonne Moi des remords qui moi Le crime
seul les donne Je croyais moi jugez de ma simplicité Que l'on devait rougir de la duplicité
Un mal qui répand la terreur Mal que le ciel
en sa fureur inventa pour punir les crimes de la
terre La peste puisqu'il faut l'appeler par son
nom Capable d'enrichir en un jour l'Achéron
Faisait aux animaux la guerre Quand partirez-
vous La semaine prochaine Quand reviendrez-vous
Dans trois mois Qu'y a-t-il de plus beau L'univers
De plus fort La nécessité Le jour fuit approchons
de ce temple rustique Dont la mousse et les ans
ont noirci le portique Un roi tourmenté d'insomnie
On a dit que ce mal était le mal des rois Vit à la
chasse un villageois Étendu dans une prairie Si
pourtant ce peuple rebelle et profanateur de ta loi
Plus religieux plus fidèle O mon Dieu revenait vers

toi Je finirais son esclavage Et dans son antique héritage Il rentrera dit le Seigneur J'oublierai ses lâches faiblesses Constant à tenir mes promesses Je le comblerai de bonheur Soudain la trompe sonne en sursaut il s'éveille La voix des chiens lui fait dresser l'oreille Le bruit approche Quel fracas Que veulent tous ces gens Je ne les connais pas.

QUESTIONNAIRE. —213. *Qu'est-ce que la ponctuation?* —214. *A quoi sert la ponctuation?* — 215. *Quels sont les signes de ponctuation?* — 216. *Quel est l'emploi de la virgule?* —217. *Quelle exception fait-on sur l'emploi de la virgule?* — 218. *Quel est l'emploi du point-virgule?* — 219. *Quand emploie-t-on les deux-points?* — 220. *Quand s'emploie le point?* — 221. *Où place-t-on le point interrogatif?* — 222. *Où place-t-on le point exclamatif?* — 223. *Quand se sert-on des points de suspension?* —224. *Qu'indique le trait de séparation?* — 225. *A quoi sert la parenthèse?* — 226. *Où place-t-on les guillemets?* — 227. *En quoi consiste l'alinéa?*

CHAPITRE XIV.

Observations particulières.

A, Ou. — *A* s'emploie entre deux adjectifs numéraux lorsqu'il s'agit d'une chose susceptible de division : *Sept à huit mètres. Neuf à dix francs.* — Dans le cas contraire, c'est la conjonction *ou* qu'il faut employer : *Une patrouille se compose de cinq ou six hommes.*

AIDER. — *Aider quelqu'un* c'est fournir à ses besoins, l'aider de ses conseils : *Il faut aider les pauvres de son superflu.* — *Aider à quelqu'un* c'est partager ses fatigues, ses efforts : *Je lui aidais à faire son thème.*

AGIR. — *Agir* ne doit pas être précédé de la préposition *en. Il a bien agi, mal agi.*

AIMER. — *Aimer* demande la préposition *à* lorsqu'il signifie prendre plaisir : *Il aime à lire, à se promener* — *Aimer mieux* ne veut aucune préposition : *J'aime mieux partir aujourd'hui que demain.*

ANOBLIR, ENNOBLIR. — *Anoblir* c'est donner à quelqu'un le titre et les droits de noblesse : *Cette famille fut anoblie par Henri IV.* — *Ennoblir* se dit des actions et des choses qui donnent de la dignité, de l'élévation : *Ces faits, ces sentiments vous ennoblissent à mes yeux.*

APPLAUDIR. — *Applaudir* veut la préposition *à* en parlant des choses : *Applaudir à un discours.* — *Applaudir* veut un régime direct en parlant des personnes : *Applaudir un enfant.*

Avoir l'air. — L'adjectif ne s'accorde pas avec le mot *air*, c'est-à-dire est invariable quand ce mot peut être remplacé par *physionomie. Elles ont l'air spirituel*, c'est-à-dire la *physionomie spirituelle*. Mais il faudrait dire : *Elle a l'air mécontente, fâchée*, parce qu'ici on parle moins de la physionomie que de la personne elle-même. En parlant des choses il faut dire : *l'air d'être : Ce melon a l'air d'être mûr. Cette soupe a l'air d'être bonne.*

Avoir affaire. — *Avoir affaire à, avoir affaire avec* se disent également pour exprimer une habitude de relation, une idée de contestation : *Un plaideur avait affaire à ses juges. Il a affaire avec des chicaneurs.*

Affiler. — *Affiler* signifie donner le fil à un tranchant : *Ce glaive est affilé.* — *Effiler* signifie défaire un tissu fil à fil : *Vous effilez de la toile pour les blessés.*

Atteindre. — *Atteindre une chose* ne suppose point d'obstacle à vaincre : *Atteindre un certain âge.* — *Atteindre à une chose* suppose des efforts, de la difficulté : *Atteindre à la perfection.* — Appliqué aux personnes, *atteindre* signifie *égaler* et veut un régime direct : *Il est difficile d'atteindre La Fontaine dans l'apologue.*

Bosseler, Bossuer. — *Bosseler*, c'est travailler artistement un objet en bosse : *Cette tête est bien bosselée.* — *Bossuer*, c'est faire maladroitement des bosses aux objets d'or et d'argent : *J'ai bossué ma montre.*

CHANGER POUR, CHANGER CONTRE. — *Changer pour, changer contre* se disent indifféremment : *Il a changé sa vieille vaisselle pour de la neuve ou contre de la neuve.* — Dans l'acception de *convertir*, changer la nature d'une chose, il demande la préposition *en* : *Changer en or tous les métaux. Cela change mes soupçons en certitude.*

CONSÉQUENT. — *Conséquent* ne signifie jamais important ni considérable, et se dit des personnes et des choses : *C'est un homme conséquent dans ses paroles et dans ses actions. Un raisonnement conséquent.*

COMPARER A, COMPARER AVEC. — *Comparer à* suppose un rapport de ressemblance entre les objets que l'on compare : *Comparer les œuvres de la nature aux ouvrages de l'homme.* — *Comparer avec* suppose une opposition : *On ne peut comparer le vice avec la vertu.*

CROIRE. — *Croire quelqu'un* ou *quelque chose,* c'est l'estimer vrai. — *Croire à quelqu'un* ou *à quelque chose,* c'est y ajouter foi : *Il ne veut point croire les gens sensés qui lui assurent qu'on ne doit point croire aux revenants.*

CAPABLE ET SUSCEPTIBLE. — *Capable* se dit des personnes : *Il est capable des plus grandes choses.*

— *Susceptible* ne se dit que des choses, excepté dans cette phrase : *Cette personne est susceptible* pour dire qu'elle est facile à blesser. *Un cœur est susceptible d'amour et de haine.*

COMMENCER. — *Commencer à* désigne une action qui aura du progrès, de l'accroissement : *Cet enfant commence à parler, à marcher.* — En tout autre cas il prend un régime direct.

A LA CAMPAGNE, EN CAMPAGNE. — *Être à la campagne,* c'est être dans une maison de campagne : *Il est agréable de passer la belle saison à la campagne.* — *Être en campagne* c'est être en mouvement, hors de chez soi, pour ses affaires : *Les troupes sont en campagne. Il a mis ses gens en campagne.*

DE, EN. — Ne dites pas : *montre en or, médaille en argent, table en marbre, maison en bois,* etc. mais *montre d'or, médaille d'argent, table de marbre, maison de bois,* etc. Le sentiment de l'Académie est que deux noms dont le dernier exprime la matière qui entre dans le premier s'unissent par *de* et non par *en.*

DÉJEUNER, DINER et SOUPER. Avec un complément de chose, ces verbes prennent la préposition *de : Nous avons déjeûné d'huîtres. Ils soupent de laitage.* Cependant l'usage autorise la préposition *avec : Nous avons déjeûné avec des huîtres.* Suivis d'un nom de personne, ils veulent la préposition avec : *Chaque jour je déjeûnais avec mes amis et je dînais avec ma famille.*

Digne, Indigne. — *Digne* se dit du bien et du mal : *Il est digne d'estime, digne de mépris.* — *Digne* avec une négation et *indigne* ne se disent que du bien : *Il est indigne d'un tel honneur. Il n'est pas digne de votre amitié.*

Différend, Différent. — *Différend* est un nom commun qui signifie débat, contestation : *Il faut vider ses différends.* — *Différent* est un adjectif qui signifie *dissemblable : Différents auteurs ont traité cette matière.*

Éruption, Irruption. — *Éruption* se dit de ce qui sort subitement et avec effort : *L'éruption du Vésuve. L'éruption de la petite vérole.* — *Irruption* se dit de l'entrée soudaine des ennemis dans un pays : *Les Normands ont fait de fréquentes irruptions en France.* — Il se dit par extension du débordement de la mer ou d'un fleuve sur les terres : *L'irruption des eaux de ce fleuve a fait de grands ravages.*

Espérer, Compter, Promettre, S'attendre. — *Espérer, compter, promettre et s'attendre* veulent après eux un verbe au futur, excepté lorsqu'on place après eux le verbe *aller* suivi d'un infinitif : *J'espère que vous viendrez nous voir. J'espère que vos frères vont arriver. Je vous promets que vous aurez telle récompense.*

ENTENDRE RAILLERIE, ENTENDRE LA RAILLERIE. — *Entendre raillerie*, c'est bien prendre la raillerie, ne point s'en fâcher : *Vous entendez très-bien raillerie quand d'autres que moi vous font la guerre sur vos petits défauts.* — *Entendre la raillerie*, c'est avoir le talent de railler : *Peu de personnes entendent la fine et innocente raillerie.*

ENVIER. — On envie les choses et l'on porte envie aux personnes : *Il envie le bonheur d'autrui. Le sage ne porte envie à personne.*

FAIRE. — *Ne faire que* exprime une action fréquemment répétée : *Cet enfant ne fait que jouer*, c'est-à-dire *il joue sans cesse*. — *Ne faire que de* exprime une action qui vient d'avoir lieu, *Il ne fait que d'arriver*, c'est-à-dire *il arrive à l'instant*. — *Faire* suivi d'un infinitif veut un régime direct quand l'infinitif n'a pas de régime de cette nature : *Je les ai fait partir*, et un régime indirect quand l'infinitif a un régime direct : *On lui fit abandonner son poste.*

FIXER. — *Fixer* signifie arrêter, rendre stable : *La louange qu'on nous donne sert au moins à nous fixer dans la pratique des vertus.* Jamais il n'a le sens de regarder. Ne dites pas : *L'aigle fixe le soleil*, mais *il regarde le soleil.*

FOND, FONDS, FONTS. — *Fond* exprime la profondeur d'une chose : *Le fond d'un puits. Le fond d'une bourse.* — *Fonds* exprime le sol d'une terre, une valeur quelconque, un héritage. Il se dit aussi de l'esprit, de la capacité, du savoir, de la vertu, de la probité : *Un mauvais fonds de terre. Ce marchand a vendu son fonds. Il a un grand fonds d'esprit, de vertu, de probité.* — *Fonts* désigne le bassin dans lequel on conserve l'eau dont on se sert pour baptiser : *Fonts baptismaux.* (On l'écrit avec un *t* parce qu'il dérive de *fontaine*).

IMMINENT. — *Imminent* signifie menaçant : *Danger imminent. Péril imminent.*

IMPOSER, EN IMPOSER. — *Imposer* se prend en bonne part et renferme une idée de respect, d'ascendant, d'admiration : *L'air noble et simple de l'innocence impose.* — *En imposer* se prend en mauvaise part et signifie mentir, tromper, abuser : *L'air composé de l'hypocrite en impose.*

INFECTER, INFESTER. — *Infecter* signifie gâter, répandre une mauvaise odeur, et au figuré corrompre l'esprit, le cœur : *Ce marais infecte. Il infecte le pays de sa mauvaise doctrine.* — *Infester* signifie piller, ravager et aussi incommoder, tourmenter : *Les pirates infestaient ces côtes. Autrefois l'on pensait que les malins esprits se faisaient un plaisir d'infester les châteaux inhabités.*

IMAGINER, S'IMAGINER. — *Imaginer* signifie créer, inventer : *On ne peut rien imaginer de plus extraordinaire.* — *S'imaginer* signifie croire, se persuader : *Il s'imagine être un grand docteur.*

Insulter, Insulter a. — *Insulter quelqu'un*, c'est l'outrager : *Insulter quelqu'un de paroles.* — *Insulter à quelqu'un*, c'est manquer aux égards qui lui sont dus et que réclament son rang, ses malheurs, sa faiblesse : *N'insultons pas au malheur.* On dit par analogie : *Insulter au bon sens, au bon goût.*

Médical, Médicinal. — *Médical* se dit des choses qui appartiennent à la médecine : *Un instrument médical.* — *Médicinal* se dit des choses qui servent de remèdes : *Plantes médicinales.*

Matinal, Matinier, Matineux. — *Matinal* se dit de celui qui se lève matin sans en avoir l'habitude. — *Matinier* signifie qui appartient au matin. — *Matineux* signifie celui qui se lève matin par habitude : *Moi qui ne suis pas matineux, j'ai été ce matin très-matinal pour admirer l'étoile matinière.*

Observer. — *Observer* signifie remarquer, considérer ; *Observer les astres, observer les hommes.* — Dans le sens de faire remarquer quelque chose à quelqu'un, on doit employer *faire observer : Je me borne à faire observer à un enfant ce qu'il fait continuellement.*

Partager. — *Partager* prend la préposition *avec* quand il signifie faire entrer en partage : *Il partage avec eux les soins du gouvernement. Pompée ne fut jamais disposé à partager avec César la faveur du peuple romain.* — *Partager* veut la préposition *entre* quand il signifie diviser, distribuer une chose par partie : *Chaque année, il partage entre les pauvres ce qui lui reste de son revenu. Le père partage également sa tendresse entre tous ses enfants.*

PARLER MAL, MAL PARLER. — *Parler mal* c'est s'exprimer contre les règles d'une langue : *Ces enfants parlent mal.* — *Mal parler* c'est médire : *Je n'aime pas à entendre mal parler du prochain.* Cette remarque n'a lieu que pour l'infinitif.

PARLER D'ABONDANCE, PARLER AVEC ABONDANCE. — *Parler d'abondance*, c'est parler sans préparation : *Il faut qu'un avocat puisse parler d'abondance.* — *Parler avec abondance*, c'est parler avec facilité, sans chercher ses paroles : *Ces jeunes missionnaires parlent avec abondance.*

PAR TERRE, A TERRE. — *Par terre* se dit de ce qui touche à la terre : *Un arbre tombe par terre.* — *A terre* se dit de ce qui n'y touche pas : *Ces fruits tombent à terre.*

PROROGER, PROLONGER. — *Proroger*, c'est donner du temps par delà le terme prescrit, remettre à un autre temps : *Proroger les chambres.* — *Prolonger*, c'est faire durer plus longtemps : *La séance a été prolongée d'une heure.*

PASSAGER, PASSANT. — *Passager* signifie qui ne s'arrête point dans un lieu ou du moins qui n'a point de demeure fixe : *Les hirondelles sont des oiseaux passagers.* — *Passant* ne se dit que d'un chemin ou d'une rue : *Un chemin passant, une rue passante* et non pas *passagère.*

PARTICIPER A, PARTICIPER DE. — *Participer à* signifie avoir part à : *Participer aux faveurs des grands. Participer à une conjuration.* — *Participer de* signifie tenir de la nature de : *Le mulet participe de l'âne et du cheval.*

PLAINDRE. — *Se plaindre de ce que* suppose un sujet de plainte : *Il a raison de se plaindre de ce que vous l'avez trompé.* — *Se plaindre que* ne suppose pas lieu à la plainte : *Il a tort de se plaindre que vous l'avez trompé.*

PLIER, PLOYER. — *Plier* signifie mettre en plusieurs doubles : *Plier du linge, plier une lettre.* — *Ployer* signifie courber, faire fléchir : *Ployer une branche d'arbre.* Au figuré ils s'emploient l'un et l'autre dans le sens d'assujettir, de soumettre : *Tu dois à ton état plier ton caractère. C'est lui qui devant moi refusait de ployer.*

PLUS D'UN. — *Plus d'un* veut le verbe qui suit au singulier : *Plus d'un poète a traité ce sujet.* A moins que ce verbe n'exprime une idée de réciprocité : *Plus d'un fripon se dupent l'un l'autre,* c'est-à-dire *se dupent réciproquement,* ce qui indique qu'il y a pluralité dans l'idée.

Se Rappeler. — *Se rappeler* signifiant se souvenir prend toujours un régime direct : *Je ne me rappelle pas cette circonstance.* Se rappeler de quelqu'un, de quelque chose n'est pas français. — Suivi d'un infinitif, *se rappeler* prend indifféremment la préposition *de* : *Je me rappelle l'avoir vu* ou *de l'avoir vu.*

Retrancher de, Retrancher a. — *Retrancher de,* c'est ôter quelque chose d'un tout : *Retrancher un couplet d'une chanson.* — *Retrancher à,* c'est priver quelqu'un de quelque chose : *Retrancher le vin à un malade.*

Réunir, Unir. — *Réunir* signifiant posséder en même temps, veut *et* : *Réunir le mérite et la modestie.* — *Unir* veut *à* : *Unir le mérite à la modestie.*

Recouvrer, Recouvrir. — *Recouvrer* signifie rentrer en possession : *J'ai recouvré les biens que j'avais perdus.* — *Recouvrir* signifie couvrir une seconde fois, de nouveau : *On a recouvert le toit de la maison.*

Sujétion, Suggestion. — *Sujétion* signifie dépendance. *Suggestion* veut dire instigation, persuasion : *Je ne puis vivre dans la sujétion. Il agit d'après les suggestions de ses amis.*

Suscription, Souscription. — La *Suscription* n'est autre chose qu'une adresse qui est écrite au dos d'une lettre : *Le facteur n'a pas pu lire cette sus-*

cription. — Une *souscription* est la signature qu'on met au bas d'un acte pour l'approuver, un engagement de fournir une certaine somme pour une entreprise : *Avez-vous entendu parler d'une souscription en faveur des pauvres ?*

SEING, SIGNATURE.— *Seing* indique un écrit privé : *Des promesses sous seing privé. — Signature* indique un acte authentique : *Un contrat se fait par la signature.*

SERVIR A, SERVIR DE.— *Servir à* marque une nullité momentanée de service : *Il a des talents qui ne lui servent à rien maintenant.—Servir de rien* exprime une nullité absolue : *Les murmures contre les décrets de la Providence ne servent de rien.*

SUCCOMBER SOUS, SUCCOMBER A. — *Succomber sous* c'est ployer sous : *Succomber sous le poids. Succomber sous les coups.* C'est dans ce sens qu'on dit fréquemment : *Succomber sous le faix des affaires. Succomber sous le travail. — Succomber à,* c'est se laisser aller à, céder à : *Succomber à la douleur. Succomber à la tentation.*

SUPPLÉER. — *Suppléer quelque chose,* c'est remplacer ce qui manque en fournissant une chose de la même nature : *Ce sac doit être de mille francs, il y a cent francs de moins, je les suppléerai.* C'est dans ce sens qu'on dit : *Suppléer un mot. —Suppléer à quelque chose:* c'est en tenir lieu en fournissant l'équivalent : *La valeur supplée au nombre.*

On dit suppléer quelqu'un et jamais *suppléer à quelqu'un.*

Souvenir, Ressouvenir. — On emploie *souvenir* en parlant de choses encore récentes : *Je me souviens très-bien de ce que j'ai dit ce matin.* — On emploie *ressouvenir* en parlant des choses passées depuis longtemps : *Il m'a dit que dans ma jeunesse il fréquentait la maison de mon père ; j'ai eu beaucoup de peine à m'en ressouvenir.*

Témoin, a témoin. — *Témoin* au commencement d'une phrase et *à témoin* précédé du verbe *prendre* sont toujours employés adverbialement : *Témoin les blessures qu'il a reçues. Je vous prends tous à témoin.*

Taché, Tacheté. — *Tacher*, c'est salir : *Vous avez taché vos vêtements.* Au figuré : *Il ne faut qu'une mauvaise action pour tacher la plus belle vie.* — *Tacheter* ne se dit que des taches qui sont sur la peau des animaux et de celles qui composent le dessin d'une étoffe : *Un chien blanc tacheté de noir. Une étoffe d'un fond jaune tacheté de rouge.*

Temporel, temporaire. — *Temporel* signifie périssable : *Toute puissance est temporelle. Les biens de ce monde sont temporels.* — *Temporaire* signifie momentané. *Cette mesure est sévère, mais elle ne sera que temporaire.*

Tous deux, tous les deux. — *Tous deux* signifie

l'un avec l'autre : *Ils sont venus tous deux. Ils habitent tous deux cette maison*, c'est-à-dire *ensemble*. — *Tous les deux* signifie l'un et l'autre : *Corneille et Racine ont fait tous les deux des tragédies admirables*, c'est-à-dire, *l'un et l'autre*.

Un de, Un des. — Après *un de, un des*, on met le verbe au singulier quand l'action exprimée par le verbe est faite par un seul être : *C'est un des généraux français qui commandera*. On emploie le pluriel quand l'action exprimée par le verbe est faite par plusieurs êtres : *Charlemagne est un des plus grands rois qui aient régné*. Cette règle s'applique au participe. *C'est un de mes fils que vous avez vu. C'est un des plus beaux ouvrages que nous ayons vus*.

Vénimeux, Vénéneux. — *Vénimeux* se dit des animaux : *La vipère est vénimeuse*. — *Vénéneux* se dit des plantes : *La ciguë est vénéneuse*.

Y. — *Y* doit toujours se rapporter à ce qui précède : c'est donc une faute de dire *Je n'y vois goutte*, la grammaire exige : *Je ne vois goutte* : Mais on dirait bien : *Ce raisonnement est si obscur que je n'y vois goutte*. Ici *y* se rapporte à *raisonnement*.

Substantifs masculins.

Abîme.
Accessoire.
Acrostiche.
Albâtre.
Amadou.
Amalgame.
Acte.
Ambre.
Amiante.
Animalcule.
Antidote.
Antimoine.
Antipode.
Aparté.
Aphte.
Apogée.
Apographe.
Apologue.
Aromate.
Astérisque.
Astragale.
Athénée.
Augure.
Automate.
Axe.
Anchois.
Antre.
Atôme.
Auspice.

Autel.
Basalte.
Branle.
Balustre.
Concombre.
Caducée.
Calque.
Calville.
Camée.
Capuce.
Catarrhe.
Caustique.
Cénotaphe.
Chambranle.
Cloaque.
Comestible.
Décombres.
Dédale.
Dialecte.
Dièse.
Eclair.
Ellébore.
Eloge.
Emétique.
Emplâtre.
Empois.
Epiderme.
Elysée.
Encombres.

Ensemble.
Epilogue.
Episode.
Equilibre.
Equinoxe.
Erysipèle.
Esclandre.
Espace.
Evangile.
Euphorbe.
Exorde.
Escalier.
Escompte.
Etage.
Eventail.
Givre.
Girofle.
Globule.
Greffe.
Gypse.
Héliotrope.
Hémisphère.
Hémistiche.
Hiéroglyphe.
Horoscope.
Hygromètre.
Hospice.
Hôtel.
Immeuble.

Incendie.	Obus.	Prétexte.
Indice.	Omnibus.	Pygmée.
Intervalle.	Onguent.	Relâche.
Inventaire.	Orchestre.	Renne.
Isthme.	Organe.	Rebours.
Ivoire.	Orifice.	Seigle.
Insecte.	Ouvrage.	Simples.
Interligne.	Opuscule.	Socque.
Jaspe.	Orbe.	Squelette.
Légumes.	Ovale.	Stade.
Mânes.	Paraphe.	Stigmate.
Monticule.	Pétale.	Thyrse.
Obélisque.	Pédicule.	Trèfle.
Olympe.	Pécule.	Trophée.
Ongle.	Pénates.	Ustensile.
Opprobres.	Pendule.	Ulcère.
Obstacle.	Périgée.	Vivres.

Substantifs féminins.

Alarme.	Batiste.	Exergue.
Alcove.	Brume.	Fibre.
Alvéole.	Cuillier	Guêtre.
Amorce.	Décrottoire.	Greffe.
Amulette.	Dinde.	Horloge.
Ancre.	Ecritoire.	Huître.
Aphélie.	Enigme.	Hypothèque.
Argile.	Epître.	Hygiène.
Artère.	Escrime.	Hypothèse.
Atmosphère.	Ebène.	Impasse.
Bésicles.	Ecaille.	Insulte.

Jujube.
Molécules.
Merci.
Nacre.
Nef.
Notice.
Offre.
Omoplate.
Once.
Outre.

Paroi.
Patère.
Pédale.
Paire.
Pantomime.
Paume.
Prémices.
Prime.
Rencontre.
Réglisse.

Serge.
Sandaraque.
Sentinelle.
Stalle.
Trame.
Ténèbres.
Vigile.
Vis.
Vertèbre.

PRONONCIATION FIGURÉE

DE QUELQUES NOMS PROPRES.

Achéens, *achéin*.
Achéron, *aché-ron*.
Ajaccio, *aja-cio*.
Aix (Savoie), *aisse*.
Aix (Provence), *aixe*.
Archélaüs, *arkéla-usse*.
Augsbourg, *aus-bour*.
Auxerre, *aussère*.
Auxonne, *aussonne*.
Amiens, *àmien*.
Appenzel, *appinzèle*.
Béarn, *bear*.
Berghen, *bergu-enne*.
Berwick, *bérick*.
Biscaye, *bis-ca-ye*.
Blücher, *blou-kre*.
Borgia, *bord-jia*.
Brunswich, *brons-vick*.
Bruxelles, *brussè-le*.
Blaye, *bla-ye*.
Colchos, *col-kos*.
Castiglione, *casti-lione*.
Canut, *canute*.
Carlsruhe, *carlsrou*.
Cyrille, *cyrile*.
Chéronée, *kéroné*.

Caen, *can*.
Cherson, *ker-son*.
Chersonèse, *ker-so-nèse*.
Chérubini, *ké-rou-bi-ni*.
Coock, *kouck*.
Coutras, *coutrasse*.
Craon, *cran*.
Cromwell, *cromvel*.
Destouches, *détouche*.
Duéro, *douéro*.
Duguesclin, *dugué-clin*.
Duquesne, *duquêne*,
Doubs, *dou*.
Descartes, *dé-car-te*.
Dnieper, *de-nié-pre*.
Dniester, *de-niés-tre*.
Ezéchias, *ézé-chiasse* ou
  ézé-kiasse.
Ezéchiel, *ézé-chièle* ou
  ézé-kièle.
Eden. *édène*.
Gessen, *gessenne*.
Guelfes, *gailfe*.
Gille, *gile*,
Galway, *galouaí*.
Gessner, *gues-nère*.

Goëthe, *gueuté*.
Greenwich, *gré-ennidje*.
Guarini, *gouarini*.
Guise, *gu-ise*.
Haïtiens, *haï-tien*.
Hospital, *hôpital*.
Hohednlinden, *hohednlin-denne*.
Hohenstoffen, *hohennsto-ffènne*.
John, *djone*
Kent, *kenne-te*.
Lachésis, *Lakésis*.
Law, *lasse*.
Leibnitz, *leibnisse*.
Lewis, *léouisse*.
Liverpool, *liverpoul*.
Lutzen, *lutzenne*.
Madrid, *madri*.
Mariembourg, *mari-im-bour*.
Mameluck, *mamelouk*.
Machiavel, *makia-vel*,
Maëstricht, *mâs-trik*.
Majorque, *ma-iorque*.
Malachie, *malachie* ou *malakie*.
Malesherbe, *mal-zerbe*.
Marlboroug, *malbrou*.
Miltiade, *mil-ciade*.
Melchior, *mel-kior*.
Melchisedech, *mel-ki-sse-dek*.
Menil-Montant, *méni-montant*.
Mentor, *mintor*.
Metz, *messe*.

Michel-Ange, *mikel-ange*.
Milhau, *milliau*.
Montaigne, *montagne*.
Necker, *nècre*.
Newton, *neuton*.
New-York, *neu-york*.
Ochosias, *okosiasse*.
Otway, *ottouai*.
Passaw, *passau*.
Progné, *prog-né*.
Penthièvre, *pinthièvre*.
Quirinus, *kui-rinus*.
Reggio, *redjio*.
Régnard, *rénard*.
Rodez, *rodesse*.
Rio-Janeiro, *rio-janéro*.
Rubens, *rubin*.
Sandwich, *sandouiche*.
Sennachérib, *sé-na-ké-ribe*.
Shakpeare, *chekspire*.
Shannon, *channone*.
Shéridan, *chéridan*.
Shetland, *chétlande*.
Spincer, *spincère*.
Staël, *stal*.
Suez, *suesse*.
Sully, *su-illi*.
Sund, *sunde*.
Tarn, *tar*.
Utrecht, *utrek*.
Walachie, *valachie*.
Walstein, *valsteine*.
Washington, *ouachington*
Waterloo, *vaterlo*.
Westminster, *ouestmins-tère*.

Wight, *ouigh*.
William, *ouilliame*
Witikind, *vitikinde*.
Xantippe, *gzantippe*.

Xénophon, *gzénophon*.
Xérès, *kéresse*.
Xercès, *gzercesse*.
Ximénès, *ksiménesse*.

PRONONCIATION FIGURÉE

DE QUELQUES NOMS COMMUNS.

Ais, *aisse*.
Aiguiser, *égu-i-ser*.
Agenda, *aginda*.
Almanach, *almana*.
Aiguière, *égu-ière*.
Aiguillon, *égu-illon*.
Aiguillette, *égu-illette*.
Alleluia, *allé-lu-ia*.
Amict, *ami*.
Amphiction, *an-fic-cion*.
Antechrist, *ante-cri*.
Appendice, *apindice*.
Aquarelle, *akouarelle*.
Archéologie, *arkéologie*.
Anoblir, *a-noblir*.
Archontat, *ar-kontat*.
Arsenic, *arséni*
Aspect, *aspek*.
Avant-hier, *avan-tière*.
Babil, *babi*.

Bill, *bile*.
But, *bu* ou *bute*.
Brut, *brute*.
Cataplasme, *cataplaceme*
Chas, *chà*.
Chrétienté, *créti-inté*.
Cicérone, *cicéroné*.
Circonspect, *circonspek*.
Contact, *contakte*.
Coq-d'Inde, *co-d'inde*.
Crescendo, *crescindo* ou
   crèche-indo.
Cuillière, *cu-illère*.
Catéchumène, *catéku-*
   mène.
Décemvir, *décémevir*.
Distiller, *dis-ti-ler*.
Diachylum, *dia-chi-lon*.
Distinct, *distinkte*.
District, *distrik*.

Douairière, *douarière*.
Désuétude, *dessuétude.*
Enivrer, *an-nivrer.*
Ennoblir, *an-noblir.*
Ennui, *an-nui.*
Enorgueillir, *an-or-gueil-lir.*
Equestre, *éku-estre.*
Equitation, *éku-itation.*
Equilatéral, *éku-ilatérale*
Examen, *examin* ou *exa-mène.*
Exarchat, *exarka.*
Exempter, *exanter.*
Exhausser, *exaucé.*
Encoignure, *encognure.*
Es-(sciences), *èce.*
Exacte, *exakte.*
Equidifférence, *éku-idif-férence.*
Fortiori, *forciori.*
Flux, *flu.*
Fils, *fice.*
Faon, *fan.*
Faubourg, *faubour.*
Fécond, *fékon.*
Gageure, *gajure.*
Gangrène, *kangrène.*
Géognosie, *géogue-no-sie.*
Gui, *ghi.*
Gentil (païen), *jantile.*
Gentil (adjectif), *jantile.*
Gentilshommes, *janti-some.*
Geôlier, *jôlier.*
Gît (ci-), *gi.*

Gutta-percha, *gutta-perka*
Hennir, *ha-nir.*
Imbroglio, *in-bro-lio.*
Igné, *igue-né.*
Impromptu, *in-prompe-tu*
Incognito, *gn* mouillé comme dans *magnifi-que.*
Incorrecte, *incorekte.*
Indemniser, *indame-ni-ser.*
Indirect, *indirekte.*
Inexact, *inexakte.*
Inexpugnable, *inex-pu-gue-nable.*
Inextinguible, *inex-tingu-ible.*
In-folio, *ain-folio.*
In-quarto, *ain-quarto.*
Instinct, *instin.*
Intact, *intakte.*
Intransitif, *intranzitif.*
In-trente-deux, *ain-trente-deux.*
Isthme, *ice-me.*
Impéritie, *impéricie.*
Imprégnation, *imprégue-nation.*
Jougs, *jou.*
Legs, *lesse* ou *légu-se.*
Laps, *lapse.*
Lacs, *lâ.*
Lichen, *likène.*
Liquéfaction, *liku-éfac-tion.*
Liquéfier, *likéfier.*
Loquacité, *lokor-acité.*

Linx, *linkse.*
Mat, *mate.*
Magnolier, *mague-nolier*
Maïs, *maïs.*
Mœurs, *mœur* ou *meurse*
Moignon, *mognon.*
Moëlle, *moile.*
Monosyllabe , *mo-no-ci-labe.*
Nerf, *nerfe.*
Nenni, *na-ni.*
Net, *nette.*
Obliquité , *obli-ku-ité.*
Obséquieux, *ob-sé-ku-ieux*
Obus, *obuze.*
Orang-Outang , *oran-ou-tan.*
Oignon, *ognon.*
Osciller, *oscil-ler.*
Poêle, *poile.*
Paon, *pan.*
Paonne, *pane.*
Pensum, *pinsomme.*
Péril, *per-ile.*
Pétiole, *péciole.*
Plénipotentiaire, *plénipo-tancière.*
Poignard, *pognar.*
Poignet, *pognet.*
Pollen, *pol-lène.*
Présupposer, *préssuppo-ser.*
Punch, *ponche.*
Phthisie, *ftisie.*
Préséance, *presséance.*
Quadragénaire , *kou-a-dragénaire.*

Quadrilatère , *kou-a-dri-lataire.*
Quadrupède, *kou-a-dru-pède.*
Quaker, *kou-a-cre.*
Questeur, *ku-esteur.*
Quiétisme, *kui-étisme.*
Quatuor, *kou-atu-or.*
Quiétude, *kui-étude.*
Quintessence, *kintécence*
Quiproquo, *ki-pro-ko.*
Respect, *respec.*
Rhum, *romme.*
Regnicole, *règue-nicole.*
Rumb, *rombe.*
Sanhédrin, *sa-né-drin.*
Sapientiaux , *sa-pian-cio.*
Schako, *chako.*
Scheik, *chek.*
Shelling, *chelin.*
Scintiller, *cin-til-ler.*
Sculpteur, *sculteur.*
Second, *segond.*
Semen-contra , *sémène-contra.*
Semoule, *se-mou-le.*
Sens, *sanse.*
Serf, *serfe:*
Shérif, *ché-ri-fe.*
Signet, *sinet.*
Sourcil, *sourci.*
Spécimen, *spécimène.*
Solemnité, *so-la-nité.*
Secrétaire, *se-cré-taire.*
Spencer, *spincer.*
Spleen, *spline.*
Stentor, *stantor.*

Strict, *strikte*.
Suggestion , *sug-gesse-ti-on*.
Suspect, *suspekte*.
Tétrarchat, *té-trar-ka*.
Tétrarchie, *té-trar-kie*.
Tact, *tacte*.
Taon, *ton*. -
Toast, *toste*.
Transiger, *tran-si-ger*.
Transaction , *tran-zak-tion*.
Triumvir, *tri-ome-vir*.
Tandis que, *tandi que*.
Vaciller, *va-cil-ler*.
Vice-versa, *vicé-versa*.
Vis, *vice*.
Wiski, *ouiski*.
Zinc, *zink*.

TABLE.